I0094103

TRANZLATY

Sprache ist für alle da

ভাষা সবার জন্য

Das Kommunistische Manifest

কমিউনিস্ট ইশতেহার

Karl Marx
&
Friedrich Engels

Deutsch / বাংলা

Copyright © 2024 Tranzlaty
All rights reserved.
Published by Tranzlaty
ISBN: 978-1-80572-322-6
Original text by Karl Marx and Friedrich Engels
The Communist Manifesto
First published in 1848
www.tranzlaty.com

Einleitung
ভূমিকা

Ein Gespenst geht um in Europa – das Gespenst des Kommunismus

ইউরোপকে তাড়া করে বেড়াচ্ছে ভূত – কমিউনিজমের ভূত

Alle Mächte des alten Europa sind eine heilige Allianz eingegangen, um dieses Gespenst auszutreiben

পুরাতন য়ুরোপের সমস্ত শক্তি এই ভূত তাড়ানোর জন্য একটি পবিত্র মৈত্রীবন্ধনে আবদ্ধ হয়েছে

Papst und Zaren, Metternich und Guizot, französische Radikale und deutsche Polizeispione

পোপ এবং জার, মেটারনিচ এবং গুইজোট, ফরাসি র্যাডিকাল এবং জার্মান পুলিশ-গুপ্তচর

Wo ist die Oppositionspartei, die von ihren Gegnern an der Macht nicht als kommunistisch verschrien wurde?

কোথায় সেই বিরোধী দল, যাকে ক্ষমতাসীন বিরোধীরা কমিউনিস্ট বলে আখ্যায়িত করেনি?

Wo ist die Opposition, die nicht den Brandvorwurf des Kommunismus gegen die fortgeschritteneren Oppositionsparteien zurückgeschleudert hat?

কোথায় সেই বিরোধীরা যারা কমিউনিজমের ব্র্যান্ডিং তিরস্কারকে আরও অগ্রসর বিরোধী দলগুলির বিরুদ্ধে ফিরিয়ে দেয়নি?

Und wo ist die Partei, die den Vorwurf nicht gegen ihre reaktionären Gegner erhoben hat?

আর কোথায় সেই দল যারা তার প্রতিক্রিয়াশীল প্রতিপক্ষের বিরুদ্ধে অভিযোগ তোলেনি?

Aus dieser Tatsache ergeben sich zweierlei

এই সত্য থেকে দুটি জিনিস ফলাফল

I. Der Kommunismus wird bereits von allen europäischen Mächten als eine Macht anerkannt

১. কমিউনিজমকে ইতিমধ্যেই সমস্ত ইউরোপীয় শক্তি নিজেই একটি শক্তি বলে স্বীকার করেছে

II. Es ist höchste Zeit, dass die Kommunisten ihre Ansichten, Ziele und Tendenzen offen vor der ganzen Welt offenlegen

২. এখন উপযুক্ত সময় কমিউনিস্টদের খোলাখুলিভাবে, সমগ্র বিশ্বের মোকাবেলায়, তাদের মতামত, লক্ষ্য ও প্রবণতা প্রকাশ করা

sie müssen diesem Kindermärchen vom Gespenst des Kommunismus mit einem Manifest der Partei selbst begegnen

কমিউনিজমের স্পেক্টরের এই নার্সারি কাহিনীর সাথে তাদের অবশ্যই পার্টির ইশতেহারের সাথে মিলিত হতে হবে

Zu diesem Zweck haben sich Kommunisten verschiedener Nationalitäten in London versammelt und folgendes Manifest entworfen

এই লক্ষ্যে বিভিন্ন জাতির কমিউনিস্টরা লন্ডনে সমবেত হয়েছেন এবং নিম্নলিখিত ইশতেহার রচনা করেছেন

Dieses Manifest wird in deutscher, englischer, französischer, italienischer, flämischer und dänischer Sprache veröffentlicht

এই ইশতেহারটি ইংরেজি, ফরাসি, জার্মান, ইতালিয়ান, ফ্লেমিশ এবং ডেনিশ ভাষায় প্রকাশিত হবে

Und jetzt soll es in allen Sprachen veröffentlicht werden, die Tranzlaty anbietet

এবং এখন এটি ট্র্যানজল্যাটি অফার করে এমন সমস্ত ভাষায় প্রকাশিত হবে

Bourgeois und Proletarier
বুর্জোয়া ও সর্বহারা

Die Geschichte aller bisherigen Gesellschaften ist die Geschichte der Klassenkämpfe

এ যাবৎ বিদ্যমান সকল সমাজের ইতিহাসই শ্রেণী সংগ্রামের ইতিহাস

Freier und Sklave, Patrizier und Plebejer, Herr und Leibeigener, Zunftmeister und Geselle

ফ্রিম্যান এবং ক্রীতদাস, প্যাট্রিশিয়ান এবং প্লেবিয়ান, লর্ড এবং সার্ফ, গিল্ড-মাস্টার এবং ভ্রমণকারী

mit einem Wort, Unterdrücker und Unterdrückte

এক কথায় অত্যাচারী ও নিপীড়িত

Diese sozialen Klassen standen in ständiger Opposition zueinander

এই সামাজিক শ্রেণীগুলি ক্রমাগত একে অপরের বিরুদ্ধে দাঁড়িয়েছিল

Sie führten einen ununterbrochenen Kampf. Jetzt versteckt, jetzt offen

তারা নিরবচ্ছিন্ন লড়াই চালিয়ে যায়। এখন লুকানো, এখন খোলা

Ein Kampf, der entweder in einer revolutionären Rekonstitution der Gesellschaft als Ganzes endete

এমন একটি লড়াই যা বৃহত্তর সমাজের বিপ্লবী পুনর্গঠনে শেষ হয়েছিল

oder ein Kampf, der im gemeinsamen Ruin der streitenden Klassen endete

অথবা এমন একটি লড়াই যা প্রতিদ্বন্দ্বী শ্রেণির সাধারণ ধ্বংসের মধ্যে শেষ হয়েছিল

Blicken wir zurück auf die früheren Epochen der Geschichte

আসুন আমরা ইতিহাসের পূর্ববর্তী যুগের দিকে ফিরে তাকাই

Wir finden fast überall eine komplizierte Einteilung der Gesellschaft in verschiedene Ordnungen

আমরা প্রায় সর্বত্রই সমাজের নানা ব্যবস্থার জটিল বিন্যাস দেখতে পাই

Es gab schon immer eine mannigfaltige Abstufung des sozialen Ranges

বরাবরই সামাজিক পদমর্যাদার বহুমাত্রিক স্তর ছিল

Im alten Rom gibt es Patrizier, Ritter, Plebejer, Sklaven

প্রাচীন রোমে আমাদের প্যাট্রিশিয়ান, নাইট, প্লেবিয়ান, ক্রীতদাস রয়েছে

im Mittelalter: Feudalherren, Vasallen, Zunftmeister, Gesellen, Lehrlinge, Leibeigene

মধ্যযুগে: সামন্ত প্রভু, ভাসাল, গিল্ড-মাস্টার, ভ্রমণকারী, শিক্ষানবিশ, ভূমিদাস

In fast allen diesen Klassen sind wiederum untergeordnete Abstufungen

এই ক্লাসের প্রায় সবগুলোতেই আবার অধস্তন গ্রেডেশন

Die moderne Bourgeoisie Gesellschaft ist aus den Trümmern der feudalen Gesellschaft hervorgegangen

আধুনিক বুর্জোয়া সমাজ সামন্ততান্ত্রিক সমাজের ধ্বংসস্তূপ থেকে অঙ্কুরিত হয়েছে

Aber diese neue Gesellschaftsordnung hat die Klassengegensätze nicht beseitigt

কিন্তু এই নতুন সমাজব্যবস্থা শ্রেণী বিরোধিতা দূর করতে পারেনি

Sie hat nur neue Klassen und neue Unterdrückungsbedingungen geschaffen

এটি কেবল নতুন শ্রেণী এবং নিপীড়নের নতুন শর্ত প্রতিষ্ঠা করেছে

Sie hat neue Formen des Kampfes an die Stelle der alten gesetzt

পুরাতনের পরিবর্তে সংগ্রামের নতুন রূপ প্রতিষ্ঠা করেছে

Die Epoche, in der wir uns befinden, weist jedoch eine Besonderheit auf

যাইহোক, আমরা নিজেদেরকে যে যুগে খুঁজে পাই তার একটি স্বতন্ত্র বৈশিষ্ট্য রয়েছে

die Epoche der Bourgeoisie hat die Klassengegensätze vereinfacht

বুর্জোয়াদের যুগ শ্রেণী বিরোধকে সরলীকরণ করেছে

Die Gesellschaft als Ganzes spaltet sich mehr und mehr in zwei große feindliche Lager

সামগ্রিকভাবে সমাজ ক্রমশ দুটি বড় বৈরী শিবিরে বিভক্ত হয়ে পড়ছে

zwei große soziale Klassen, die sich direkt gegenüberstehen: Bourgeoisie und Proletariat

দুটি মহান সামাজিক শ্রেণী সরাসরি একে অপরের মুখোমুখি: বুর্জোয়া ও সর্বহারা শ্রেণী

Aus den Leibeigenen des Mittelalters gingen die Bürger der ersten Städte hervor

মধ্যযুগের ভূমিদাস থেকে প্রাচীনতম শহরগুলির চার্টার্ড বার্গার উদ্ভূত হয়েছিল

Aus diesen Bürgern entwickelten sich die ersten Elemente der Bourgeoisie

এই বার্জেস থেকে বুর্জোয়াদের প্রথম উপাদানগুলি বিকশিত হয়েছিল

Die Entdeckung Amerikas und die Umrundung des Kaps

আমেরিকা আবিষ্কার এবং কেপের বৃত্তাকার

diese Ereignisse eröffneten der aufstrebenden Bourgeoisie neues Terrain

এই ঘটনাগুলি উদীয়মান বুর্জোয়াদের জন্য নতুন ক্ষেত্র উন্মুক্ত করেছিল

Die ostindischen und chinesischen Märkte, die Kolonisierung Amerikas, der Handel mit den Kolonien

পূর্ব-ভারতীয় ও চীনা বাজার, আমেরিকার উপনিবেশ, উপনিবেশগুলির সাথে বাণিজ্য

die Vermehrung der Tauschmittel und der Waren überhaupt

বিনিময়ের মাধ্যম এবং সাধারণভাবে পণ্যগুলির বৃদ্ধি

Diese Ereignisse gaben dem Handel, der Schiffahrt und der Industrie einen nie gekannten Impuls

এই ঘটনাগুলি বাণিজ্য, নেভিগেশন এবং শিল্পকে এমন একটি প্রেরণা দিয়েছিল যা আগে কখনও জানা যায়নি

Sie gab dem revolutionären Element in der wankenden feudalen Gesellschaft eine rasche Entwicklung

এটি টলমল সামন্ততান্ত্রিক সমাজে বিপ্লবী উপাদানকে দ্রুত বিকাশ দিয়েছে

Geschlossene Zünfte hatten das feudale System der industriellen Produktion monopolisiert

বদ্ধ গিল্ডগুলি শিল্প উৎপাদনের সামন্ততান্ত্রিক ব্যবস্থায় একচেটিয়া আধিপত্য বিস্তার করেছিল

Doch das reichte den wachsenden Bedürfnissen der neuen Märkte nicht mehr aus

কিন্তু নতুন বাজারের ক্রমবর্ধমান চাহিদার জন্য এটি আর যথেষ্ট নয়

Das Manufaktursystem trat an die Stelle des feudalen Systems der Industrie

সামন্ততান্ত্রিক শিল্প ব্যবস্থার জায়গা দখল করে নেয় উৎপাদন ব্যবস্থা

Die Zunftmeister wurden vom produzierenden Bürgertum auf die Seite gedrängt

গিল্ড-মাস্টারদের একদিকে ঠেলে দিয়েছিল উৎপাদনকারী মধ্যবিত্ত

Die Arbeitsteilung zwischen den verschiedenen korporativen Innungen verschwand

বিভিন্ন কর্পোরেট গিল্ডের মধ্যে শ্রম বিভাজন অদৃশ্য হয়ে যায়

Die Arbeitsteilung durchdrang jede einzelne Werkstatt

প্রতিটি ওয়ার্কশপে শ্রম বিভাজন ঢুকে পড়ে

In der Zwischenzeit wuchsen die Märkte immer weiter und die Nachfrage stieg immer weiter

এদিকে, বাজারগুলি ক্রমবর্ধমান হতে থাকে এবং চাহিদা ক্রমবর্ধমান হয়

Selbst Fabriken reichten nicht mehr aus, um den Anforderungen gerecht zu werden

এমনকি চাহিদা পূরণে কারখানাগুলোও পর্যাপ্ত নয়

Daraufhin revolutionierten Dampf und Maschinen die industrielle Produktion

এরপরে, বাষ্প এবং যন্ত্রপাতি শিল্প উত্পাদনে বিপ্লব ঘটিয়েছিল

An die Stelle der Manufaktur trat der Riese, die moderne Industrie

উৎপাদনের জায়গাটি দখল করে নেয় দৈত্য মডার্ন ইন্ডাস্ট্রি

An die Stelle des industriellen Mittelstandes traten industrielle Millionäre

শিল্প মধ্যবিত্তের জায়গা দখল করে নিয়েছে শিল্প কোটিপতিরা

an die Stelle der Führer ganzer Industriearmeen trat die moderne Bourgeoisie

সমগ্র শিল্প বাহিনীর নেতাদের স্থান আধুনিক বুর্জোয়ারা দখল করে নিয়েছিল

die Entdeckung Amerikas ebnete der modernen Industrie den Weg zur Etablierung des Weltmarktes

আমেরিকা আবিষ্কার আধুনিক শিল্পের জন্য বিশ্ববাজার প্রতিষ্ঠার পথ প্রশস্ত করে

Dieser Markt gab dem Handel, der Schifffahrt und der Kommunikation auf dem Landweg eine ungeheure Entwicklung

এই বাজারটি স্থলপথে বাণিজ্য, নেভিগেশন এবং যোগাযোগের ব্যাপক বিকাশ দিয়েছে

Diese Entwicklung hat seinerzeit auf die Ausdehnung der Industrie reagiert

এই বিকাশ, তার সময়ে, শিল্পের সম্প্রসারণে প্রতিক্রিয়া জানিয়েছে

Sie reagierte in dem Maße, wie sich die Industrie ausbreitete, und wie sich Handel, Schiffahrt und Eisenbahn ausdehnten

এটি শিল্প কীভাবে প্রসারিত হয়েছিল এবং বাণিজ্য, নেভিগেশন এবং রেলপথগুলি কীভাবে প্রসারিত হয়েছিল তার অনুপাতে প্রতিক্রিয়া জানিয়েছিল

in demselben Maße, in dem sich die Bourgeoisie entwickelte, vermehrte sie ihr Kapital

বুর্জোয়ারা যে অনুপাতে বিকশিত হয়েছিল, একই অনুপাতে তারা তাদের মূলধন বাড়িয়েছিল

und das Bourgeoisie drängte jede aus dem Mittelalter überlieferte Klasse in den Hintergrund

এবং বুর্জোয়ারা মধ্যযুগ থেকে হস্তান্তরিত প্রতিটি শ্রেণীকে পটভূমিতে ঠেলে দেয়

daher ist die moderne Bourgeoisie selbst das Produkt eines langen Entwicklungsganges

সুতরাং আধুনিক বুর্জোয়া শ্রেণী নিজেই দীর্ঘ বিকাশের ফসল

Wir sehen, dass es sich um eine Reihe von Revolutionen in der Produktions- und Tauschweise handelt

আমরা দেখতে পাই এটা উৎপাদন পদ্ধতি ও বিনিময়ের ক্ষেত্রে একগুচ্ছ বিপ্লব

Jeder Schritt der Bourgeoisie Entwicklung ging mit einem entsprechenden politischen Fortschritt einher

প্রতিটি উন্নয়নমূলক বুর্জোয়া পদক্ষেপের সাথে একটি অনুরূপ রাজনৈতিক অগ্রগতি ছিল

Eine unterdrückte Klasse unter der Herrschaft des feudalen Adels

সামন্ততান্ত্রিক আভিজাত্যের প্রভাবাধীন একটি নিপীড়িত শ্রেণি

ein bewaffneter und selbstverwalteter Verein in der mittelalterlichen Kommune

মধ্যযুগীয় কমিউনে একটি সশস্ত্র ও স্ব-শাসিত সমিতি

hier eine unabhängige Stadtrepublik (wie in Italien und Deutschland)

এখানে, একটি স্বাধীন নগর প্রজাতন্ত্র (ইতালি এবং জার্মানি হিসাবে)

dort ein steuerpflichtiger "dritter Stand" der Monarchie (wie in Frankreich)

সেখানে, রাজতন্ত্রের একটি করযোগ্য "তৃতীয় এস্টেট" (ফ্রান্সের মতো)

Danach, in der Zeit der eigentlichen Herstellung

পরবর্তীতে, উৎপাদনের সময়কালে যথাযথ

die Bourgeoisie diente entweder der halbfeudalen oder der absoluten Monarchie

বুর্জোয়ারা হয় আধা-সামন্ততান্ত্রিক বা পরম রাজতন্ত্রের সেবা করেছিল

oder die Bourgeoisie fungierte als Gegengewicht zum Adel

অথবা বুর্জোয়ারা আভিজাত্যের বিরুদ্ধে পাল্টা ব্যবস্থা হিসেবে কাজ করেছিল

und in der Tat war die Bourgeoisie ein Eckpfeiler der großen Monarchien überhaupt

এবং, প্রকৃতপক্ষে, বুর্জোয়ারা সাধারণভাবে মহান রাজতন্ত্রগুলির একটি ভিত্তি ছিল

aber die moderne Industrie und der Weltmarkt haben sich seitdem etabliert

কিন্তু আধুনিক শিল্প এবং বিশ্ব-বাজার তখন থেকেই নিজেকে প্রতিষ্ঠিত করেছিল

und die Bourgeoisie hat sich die ausschließliche politische Herrschaft erobert

এবং বুর্জোয়ারা নিজেদের জন্য একচেটিয়া রাজনৈতিক আধিপত্য জয় করেছে

sie erreichte diese politische Herrschaft durch den modernen repräsentativen Staat

এটি আধুনিক প্রতিনিধিত্বমূলক রাষ্ট্রের মাধ্যমে এই রাজনৈতিক প্রভাব অর্জন করেছিল

Die Exekutive des modernen Staates ist nichts anderes als ein Verwaltungskomitee

আধুনিক রাষ্ট্রের নির্বাহীরা একটি ব্যবস্থাপনা কমিটি মাত্র।

und sie leiten die gemeinsamen Angelegenheiten der gesamten Bourgeoisie

এবং তারা সমগ্র বুর্জোয়াদের সাধারণ বিষয়গুলি পরিচালনা করে

Die Bourgeoisie hat historisch gesehen eine höchst revolutionäre Rolle gespielt

ঐতিহাসিকভাবে বুর্জোয়ারা সবচেয়ে বিপ্লবী ভূমিকা পালন করেছে

Wo immer sie die Oberhand gewann, machte sie allen feudalen, patriarchalischen und idyllischen Verhältnissen ein Ende

যেখানেই এটি আধিপত্য বিস্তার করেছে, সেখানেই সমস্ত সামন্ততান্ত্রিক, পিতৃতান্ত্রিক এবং আরামদায়ক সম্পর্কের অবসান ঘটিয়েছে

Sie hat erbarmungslos die bunten feudalen Bande zerrissen, die den Menschen an seine "natürlichen Vorgesetzten" banden

যে সামন্ততান্ত্রিক বন্ধন মানুষকে তার 'স্বাভাবিক ঊর্ধ্বতনদের' সঙ্গে বেঁধে রেখেছিল, তা করুণভাবে ছিন্নভিন্ন করে দিয়েছে

Und es ist kein Nexus zwischen Mensch und Mensch übrig geblieben, außer nacktem Eigeninteresse

আর নগ্ন স্বার্থ ছাড়া মানুষে মানুষে আর কোনো যোগসূত্র অবশিষ্ট নেই

Die Beziehungen der Menschen zueinander sind zu nichts anderem geworden als zu einer gefühllosen "Geldzahlung"

মানুষের একে অপরের সাথে সম্পর্ক নির্দয় "নগদ অর্থ প্রদান" ছাড়া আর কিছুই নয়

Sie hat die himmlischsten Ekstasen religiöser Inbrunst ertränkt

এটি ধর্মীয় উন্মাদনার সবচেয়ে স্বর্গীয় উচ্ছ্বাসকে ডুবিয়ে দিয়েছে

sie hat ritterlichen Enthusiasmus und philiströsen Sentimentalismus übertönt

এতে ডুবে গেছে বীরত্বপূর্ণ উদ্দীপনা ও পলেশতাবাদী আবেগপ্রবণতা

Sie hat diese Dinge im eisigen Wasser des egoistischen Kalküls ertränkt

অহংকারী হিসাবের বরফশীতল জলে এই জিনিসগুলিকে ডুবিয়ে দিয়েছে

Sie hat den persönlichen Wert in Tauschwert aufgelöst

এটি ব্যক্তিগত মূল্যকে বিনিময়যোগ্য মূল্যে সমাধান করেছে

Sie hat die zahllosen und unveräußerlichen verbrieften Freiheiten ersetzt

এটি সংখ্যাহীন এবং অনিবার্য চার্টার্ড স্বাধীনতাকে প্রতিস্থাপন করেছে

und sie hat eine einzige, skrupellose Freiheit geschaffen; Freihandel

এবং এটি একটি একক, বিবেকহীন স্বাধীনতা স্থাপন করেছে; মুক্ত বাণিজ্য

Mit einem Wort, sie hat dies für die Ausbeutung getan

এক কথায় শোষণের জন্য এটা করেছে

Ausbeutung, verschleiert durch religiöse und politische Illusionen

ধর্মীয় ও রাজনৈতিক বিভ্রমে ঢাকা শোষণ

Ausbeutung verschleiert durch nackte, schamlose, direkte, brutale Ausbeutung

নগ্ন, নির্লজ্জ, প্রত্যক্ষ, পাশবিক শোষণের আড়ালে শোষণ

die Bourgeoisie hat den Heiligenschein von jedem zuvor geehrten und verehrten Beruf abgestreift

বুর্জোয়ারা পূর্বের সমস্ত সম্মানিত ও শ্রদ্ধেয় পেশা থেকে হ্যালো ছিনিয়ে নিয়েছে

der Arzt, der Advokat, der Priester, der Dichter und der Mann der Wissenschaft

বৈদ্যবিদ, উকিল, পুরোহিত, কবি এবং বিজ্ঞানের মানুষ

Sie hat diese ausgezeichneten Arbeiter in ihre bezahlten Lohnarbeiter verwandelt

এটি এই বিশিষ্ট শ্রমিকদের তার বেতনভোগী মজুরি শ্রমিকে রূপান্তরিত করেছে

Die Bourgeoisie hat der Familie den sentimentalen Schleier weggerissen

বুর্জোয়ারা পরিবার থেকে আবেগের পর্দা ছিঁড়ে ফেলেছে

Und sie hat das Familienverhältnis auf ein bloßes Geldverhältnis reduziert

এবং এটি পারিবারিক সম্পর্ককে নিছক অর্থের সম্পর্কের মধ্যে হ্রাস করেছে

die brutale Zurschaustellung der Kraft im Mittelalter, die die Reaktionäre so sehr bewundern

মধ্যযুগে শক্তির নির্মম প্রদর্শন, যার প্রতিক্রিয়াশীলরা এত প্রশংসা করে

Auch diese fand ihre passende Ergänzung in der trägesten Trägheit

এমনকি এটি সবচেয়ে আলস্য অলসতার মধ্যে তার উপযুক্ত পরিপূরক খুঁজে পেয়েছিল

Die Bourgeoisie hat enthüllt, wie es dazu gekommen ist

বুর্জোয়ারা প্রকাশ করেছে কিভাবে এই সব ঘটেছিল

Die Bourgeoisie war die erste, die gezeigt hat, was die Tätigkeit des Menschen bewirken kann

বুর্জোয়ারাই প্রথম দেখিয়েছে মানুষের কার্যকলাপ কী আনতে পারে

Sie hat Wunder vollbracht, die ägyptische Pyramiden, römische Aquädukte und gotische Kathedralen bei weitem übertreffen

এটি মিশরীয় পিরামিড, রোমান জলজ এবং গথিক ক্যাথেড্রালকে ছাড়িয়ে অনেক বিস্ময়কর কাজ করেছে

und sie hat Expeditionen durchgeführt, die alle früheren Auszüge von Nationen und Kreuzzügen in den Schatten stellten

এবং এটি এমন অভিযান পরিচালনা করেছে যা জাতি এবং ক্রুসেডের সমস্ত প্রাক্তন যাত্রাকে ছায়ায় ফেলেছে

Die Bourgeoisie kann nicht existieren, ohne die Produktionsmittel ständig zu revolutionieren

উৎপাদনের হাতিয়ারগুলোর ক্রমাগত বিপ্লব ছাড়া বুর্জোয়াদের অস্তিত্ব থাকতে পারে না

und damit kann sie nicht ohne ihre Beziehungen zur Produktion existieren

এবং এর ফলে উৎপাদনের সাথে তার সম্পর্ক ছাড়া তার অস্তিত্ব থাকতে পারে না

und deshalb kann sie nicht ohne ihre Beziehungen zur Gesellschaft existieren

এবং তাই সমাজের সাথে তার সম্পর্ক ছাড়া এর অস্তিত্ব থাকতে পারে না

Alle früheren Industrieklassen hatten eine Bedingung gemeinsam

পূর্ববর্তী সমস্ত শিল্প শ্রেণির একটি সাধারণ শর্ত ছিল

Sie setzten auf die Bewahrung der alten Produktionsweisen

তারা পুরানো উত্পাদন পদ্ধতির সংরক্ষণের উপর নির্ভর করেছিল

aber die Bourgeoisie brachte eine völlig neue Dynamik mit sich

কিন্তু বুর্জোয়ারা তার সাথে একটি সম্পূর্ণ নতুন গতিশীলতা নিয়ে এসেছিল

Ständige Revolutionierung der Produktion und ununterbrochene Störung aller gesellschaftlichen Verhältnisse

উৎপাদনের ক্রমাগত বিপ্লব এবং সকল সামাজিক অবস্থার নিরবচ্ছিন্ন বিপর্যয়

diese immerwährende Unsicherheit und Unruhe unterscheidet die Epoche der Bourgeoisie von allen früheren

এই চিরন্তন অনিশ্চয়তা ও আন্দোলন বুর্জোয়া যুগকে পূর্ববর্তী সকল যুগ থেকে পৃথক করে

Die bisherigen Beziehungen zur Produktion waren mit alten und ehrwürdigen Vorurteilen und Meinungen verbunden

উৎপাদনের সাথে পূর্ববর্তী সম্পর্কগুলি প্রাচীন এবং শ্রদ্ধেয় কুসংস্কার এবং মতামতের সাথে এসেছিল

Aber all diese festgefahrenen, eingefrorenen Beziehungen werden hinweggefegt

কিন্তু এই সমস্ত স্থির, দ্রুত-হিমশীতল সম্পর্ক ভেসে গেছে

Alle neu gebildeten Verhältnisse werden antiquiert, bevor sie erstarren können

সমস্ত নতুন গঠিত সম্পর্ক অস্থির হওয়ার আগেই প্রাচীন হয়ে যায়

Alles, was fest ist, zerschmilzt in Luft, und alles, was heilig ist, wird entweiht

যাহা কিছু কঠিন তাহা বাতাসে গলিয়া যায় এবং যাহা কিছু পবিত্র তাহা অপবিত্র হয়

Der Mensch ist endlich gezwungen, mit nüchternen Sinnen seinen wirklichen Lebensbedingungen ins Auge zu sehen

মানুষ অবশেষে শান্ত ইন্দ্রিয়ের মুখোমুখি হতে বাধ্য হয়, তার জীবনের আসল অবস্থা

und er ist gezwungen, sich seinen Beziehungen zu seinesgleichen zu stellen

এবং তিনি তার ধরনের সঙ্গে তার সম্পর্ক সম্মুখীন করতে বাধ্য হয়

Die Bourgeoisie muss ständig ihre Märkte für ihre Produkte erweitern

বুর্জোয়াদের ক্রমাগত তার পণ্যগুলির জন্য তার বাজার প্রসারিত করতে হবে

und deshalb wird die Bourgeoisie über die ganze Erdoberfläche gejagt

এবং, এই কারণে, বুর্জোয়ারা পৃথিবীর সমস্ত পৃষ্ঠ জুড়ে তাড়া করা হয়

Die Bourgeoisie muss sich überall einnisten, sich überall niederlassen, überall Verbindungen herstellen

বুর্জোয়াদের সর্বত্র বাসা বাঁধতে হবে, সর্বত্র বসতি স্থাপন করতে হবে, সর্বত্র সংযোগ স্থাপন করতে হবে

Die Bourgeoisie muss in jedem Winkel der Welt Märkte schaffen, um sie auszubeuten

বুর্জোয়াদের শোষণের জন্য বিশ্বের প্রতিটি কোণে বাজার তৈরি করতে হবে

Die Produktion und der Konsum in jedem Land haben einen kosmopolitischen Charakter erhalten

প্রতিটি দেশে উৎপাদন ও ভোগকে একটি বিশ্বজনীন চরিত্র দেওয়া হয়েছে

der Verdruss der Reaktionäre ist mit Händen zu greifen, aber er hat sich trotzdem fortgesetzt

প্রতিক্রিয়াশীলদের বিরক্তি স্পষ্ট, কিন্তু তা অব্যাহত রয়েছে

Die Bourgeoisie hat der Industrie den nationalen Boden, auf dem sie stand, unter den Füßen weggezogen

বুর্জোয়ারা শিল্পের পায়ের নিচ থেকে টেনে এনেছে জাতীয় ভূমি যার ওপর তারা দাঁড়িয়েছিল

Alle alteingesessenen nationalen Industrien sind zerstört worden oder werden täglich zerstört

সমস্ত পুরানো প্রতিষ্ঠিত জাতীয় শিল্প ধ্বংস হয়ে গেছে, বা প্রতিদিন ধ্বংস হচ্ছে

Alle alteingesessenen nationalen Industrien werden durch neue Industrien verdrängt

সমস্ত পুরানো প্রতিষ্ঠিত জাতীয় শিল্প নতুন শিল্প দ্বারা স্থানচ্যুত হয়

Ihre Einführung wird zu einer Frage von Leben und Tod für alle zivilisierten Völker

তাদের পরিচয় সমস্ত সভ্য জাতির জন্য জীবন-মরণ প্রশ্ন হয়ে দাঁড়ায়

Sie werden von Industrien verdrängt, die keine heimischen Rohstoffe mehr verarbeiten

তারা এমন শিল্প দ্বারা স্থানচ্যুত হয় যা আর দেশীয় কাঁচামাল তৈরি করে না

Stattdessen beziehen diese Industrien Rohstoffe aus den entlegensten Zonen

পরিবর্তে, এই শিল্পগুলি প্রত্যন্ত অঞ্চল থেকে কাঁচামাল টেনে আনে

Industrien, deren Produkte nicht nur zu Hause, sondern in allen Teilen der Welt konsumiert werden

যেসব শিল্পের পণ্য শুধু দেশেই নয়, বিশ্বের প্রতিটি প্রান্তিকে ভোগ করা হয়

An die Stelle der alten Bedürfnisse, die durch die Erzeugnisse des Landes befriedigt werden, treten neue Bedürfnisse

পুরনো চাওয়া-পাওয়ার পরিবর্তে দেশের উৎপাদনে তৃপ্ত হয়ে আমরা খুঁজে পাই নতুন চাওয়া-পাওয়া

Diese neuen Bedürfnisse bedürfen zu ihrer Befriedigung der Produkte aus fernen Ländern und Klimazonen

এই নতুন চাহিদাগুলি তাদের সন্তুষ্টির জন্য দূরবর্তী দেশ এবং জলবায়ুর পণ্য প্রয়োজন

An die Stelle der alten lokalen und nationalen Abgeschiedenheit und Selbstversorgung tritt der Handel

পুরনো স্থানীয় ও জাতীয় বিচ্ছিন্নতা ও স্বয়ংসম্পূর্ণতার পরিবর্তে আমাদের বাণিজ্য রয়েছে

internationaler Austausch in alle Richtungen; universelle Interdependenz der Nationen

সব দিক থেকে আন্তর্জাতিক বিনিময়; জাতিসমূহের সার্বজনীন আন্তঃনির্ভরশীলতা

Und so wie wir von Materialien abhängig sind, so sind wir von der intellektuellen Produktion abhängig

আর আমরা যেমন উপকরণের ওপর নির্ভরশীল, তেমনি বুদ্ধিবৃত্তিক উৎপাদনের ওপর নির্ভরশীল

Die geistigen Schöpfungen der einzelnen Nationen werden zum Gemeingut

পৃথক জাতির বুদ্ধিবৃত্তিক সৃষ্টি সাধারণ সম্পত্তিতে পরিণত হয়

Nationale Einseitigkeit und Engstirnigkeit werden immer unmöglicher

জাতীয় একপেশেতা ও সংকীর্ণতা ক্রমশ অসম্ভব হয়ে উঠছে

Und aus den zahlreichen nationalen und lokalen Literaturen entsteht eine Weltliteratur

আর অসংখ্য জাতীয় ও স্থানীয় সাহিত্য থেকে উঠে আসে বিশ্বসাহিত্য

durch die rasche Verbesserung aller Produktionsmittel

উৎপাদনের সমস্ত যন্ত্রের দ্রুত উন্নতির মাধ্যমে

durch die immens erleichterten Kommunikationsmittel

যোগাযোগের অপরিসীম সুবিধাজনক মাধ্যম দ্বারা

Die Bourgeoisie zieht alle (auch die barbarischsten Nationen) in die Zivilisation hinein

বুর্জোয়ারা সকলকে (এমনকি সবচেয়ে বর্বর জাতিকেও) সভ্যতার দিকে টেনে নেয়

Die billigen Preise seiner Waren; die schwere Artillerie, die alle chinesischen Mauern niederreißt

তার পণ্যের সস্তা দাম; ভারী আর্টিলারি যা সমস্ত চীনা দেয়ালকে আঘাত করে

Der hartnäckige Fremdenhass der Barbaren wird zur Kapitulation gezwungen

বিদেশীদের প্রতি বর্বরদের তীব্র একগুঁয়ে ঘৃণা আত্মসমর্পণ করতে বাধ্য হয়

Sie zwingt alle Nationen, unter Androhung des Aussterbens, die Bourgeoisie Produktionsweise anzunehmen

এটি বিলুপ্তির যন্ত্রণায় সমস্ত জাতিকে বুর্জোয়া উৎপাদন পদ্ধতি গ্রহণ করতে বাধ্য করে

Sie zwingt sie, das, was sie Zivilisation nennt, in ihre Mitte einzuführen

এটি তাদের মধ্যে সভ্যতা যাকে বলে তা পরিচয় করিয়ে দিতে বাধ্য করে

Die Bourgeoisie zwingt die Barbaren, selbst zur Bourgeoisie zu werden

বুর্জোয়ারা বর্বরদের নিজেরাই বুর্জোয়া হতে বাধ্য করে

mit einem Wort, die Bourgeoisie schafft sich eine Welt nach ihrem Bilde

এক কথায় বুর্জোয়ারা নিজের ভাবমূর্তির পর একটা জগৎ তৈরি করে

Die Bourgeoisie hat das Land der Herrschaft der Städte unterworfen

বুর্জোয়ারা গ্রামাঞ্চলকে শহরের শাসনের অধীন করেছে

Sie hat riesige Städte geschaffen und die Stadtbevölkerung stark vergrößert

এটি বিশাল শহর তৈরি করেছে এবং শহুরে জনসংখ্যা ব্যাপকভাবে বৃদ্ধি করেছে

Sie rettete einen beträchtlichen Teil der Bevölkerung vor der Idiotie des Landlebens

এটি জনসংখ্যার একটি উল্লেখযোগ্য অংশকে গ্রামীণ জীবনের নির্বুদ্ধিতা থেকে উদ্ধার করেছিল

Aber sie hat die Menschen auf dem Lande von den Städten abhängig gemacht

কিন্তু এটি গ্রামাঞ্চলের লোকদের শহরের উপর নির্ভরশীল করে তুলেছে

Und ebenso hat sie die barbarischen Länder von den zivilisierten abhängig gemacht

আর তেমনি বর্বর দেশগুলোকে সভ্যদের মুখাপেক্ষী করে তুলেছে

Bauernnationen gegen Völker der Bourgeoisie, Osten gegen Westen

বুর্জোয়া জাতির উপর কৃষকদের জাতি, পশ্চিমে পূর্ব

Die Bourgeoisie beseitigt den zerstreuten Zustand der Bevölkerung mehr und mehr

বুর্জোয়ারা জনগোষ্ঠীর বিক্ষিপ্ত অবস্থা ক্রমশ দূর করে

Sie hat die Produktion agglomeriert und das Eigentum in wenigen Händen konzentriert

এর উৎপাদন বৃদ্ধি পেয়েছে এবং কয়েক হাতে সম্পত্তি কেন্দ্রীভূত হয়েছে

Die notwendige Konsequenz daraus war eine politische Zentralisierung

এর প্রয়োজনীয় পরিণতি ছিল রাজনৈতিক কেন্দ্রীকরণ

Es gab unabhängige Nationen und lose miteinander verbundene Provinzen

স্বাধীন জাতি এবং আলগাভাবে সংযুক্ত প্রদেশ ছিল

Sie hatten getrennte Interessen, Gesetze, Regierungen und Steuersysteme

তাদের পৃথক স্বার্থ, আইন, সরকার এবং করের ব্যবস্থা ছিল

Aber sie sind zu einer Nation zusammengeschmolzen, mit einer Regierung

কিন্তু তারা একত্রিত হয়ে এক জাতিতে পরিণত হয়েছে, এক সরকার রয়েছে

Sie haben jetzt ein nationales Klasseninteresse, eine Grenze und einen Zolltarif

তাদের এখন একটি জাতীয় শ্রেণি–স্বার্থ, একটি সীমান্ত এবং একটি কাস্টমস–ট্যারিফ রয়েছে

Und dieses nationale Klasseninteresse ist unter einem Gesetzbuch vereinigt

আর এই জাতীয় শ্রেণি–স্বার্থ একটি আইনের কোডের অধীনে একীভূত

die Bourgeoisie hat während ihrer knapp hundertjährigen Herrschaft viel erreicht

বুর্জোয়ারা তার দুর্লভ একশো বছরের শাসনকালে অনেক কিছু অর্জন করেছে

massivere und kolossalere Produktivkräfte als alle vorhergehenden Generationen zusammen

পূর্ববর্তী সমস্ত প্রজন্মের একত্রিত চেয়ে আরও বৃহদায়তন এবং বিশাল উত্পাদন শক্তি

Die Kräfte der Natur sind dem Willen des Menschen und seiner Maschinerie unterworfen

প্রকৃতির শক্তি মানুষ ও তার যন্ত্রপাতির ইচ্ছার কাছে পরাধীন

Die Chemie wird auf alle Industrieformen und Landwirtschaftsformen angewendet

রসায়ন সব ধরনের শিল্প এবং কৃষি ধরনের প্রয়োগ করা হয়

Dampfschiffahrt, Eisenbahnen, elektrische Telegraphen und die Druckerpresse

বাষ্প-নেভিগেশন, রেলপথ, বৈদ্যুতিক টেলিগ্রাফ এবং প্রিন্টিং প্রেস

Rodung ganzer Kontinente für den Anbau, Kanalisierung von Flüssen

চাষাবাদের জন্য পুরো মহাদেশ সাফ করা, নদী খাল করা

ganze Populationen wurden aus dem Boden gezaubert und an die Arbeit gebracht

পুরো জনগোষ্ঠীকে মাটি থেকে বের করে এনে কাজে লাগানো হয়েছে

Welches frühere Jahrhundert hatte auch nur eine Ahnung von dem, was entfesselt werden könnte?

পূর্ববর্তী শতাব্দীতে কী ঘটতে পারে তার পূর্বাভাস কী ছিল?

Wer hat vorausgesagt, dass solche Produktivkräfte im Schoß der gesellschaftlichen Arbeit schlummern?

কে ভবিষ্যদ্বাণী করেছিল যে এমন উৎপাদিকা শক্তি সামাজিক শ্রমের কোলে ঘুমিয়ে আছে?

Wir sehen also, daß die Produktions- und Tauschmittel in der feudalen Gesellschaft erzeugt wurden

তখন আমরা দেখিতে পাই যে, উৎপাদন ও বিনিময়ের উপায়-উপকরণ উৎপন্ন হইয়াছিল সামন্ততান্ত্রিক সমাজে

die Produktionsmittel, auf deren Grundlage sich die Bourgeoisie aufbaute

উৎপাদনের মাধ্যম যার ভিত্তির উপর বুর্জোয়ারা নিজেকে গড়ে তুলেছিল

Auf einer bestimmten Stufe der Entwicklung dieser Produktions- und Tauschmittel

উৎপাদনের এই উপায়সমূহ ও বিনিময়ের বিকাশের এক পর্যায়ে

die Bedingungen, unter denen die feudale Gesellschaft produzierte und tauschte

যে পরিস্থিতিতে সামন্ততান্ত্রিক সমাজ উৎপাদন ও বিনিময় করেছিল

Die feudale Organisation der Landwirtschaft und des verarbeitenden Gewerbes

কৃষি ও উৎপাদন শিল্পের সামন্ততান্ত্রিক সংগঠন

Die feudalen Eigentumsverhältnisse waren mit den materiellen Verhältnissen nicht mehr vereinbar

সম্পত্তির সামন্ততান্ত্রিক সম্পর্ক আর বৈষয়িক অবস্থার সাথে সামঞ্জস্যপূর্ণ ছিল না

Sie mussten gesprengt werden, also wurden sie auseinandergesprengt

তাদের ছিন্নভিন্ন করতে হয়েছিল, তাই তারা ফেটে ফেটে পড়েছিল

An ihre Stelle trat die freie Konkurrenz der Produktivkräfte

তাদের জায়গায় উৎপাদিকা শক্তির অবাধ প্রতিযোগিতা

Und sie wurden von einer ihr angepassten sozialen und politischen Verfassung begleitet

এবং তাদের সাথে একটি সামাজিক ও রাজনৈতিক সংবিধান ছিল যা এর সাথে থাপ থাইয়ে নিয়েছিল

und sie wurde begleitet von der ökonomischen und politischen Herrschaft der Bourgeoisie Klasse

এবং এর সাথে ছিল বুর্জোয়া শ্রেণীর অর্থনৈতিক ও রাজনৈতিক প্রভাব

Eine ähnliche Bewegung vollzieht sich vor unseren eigenen Augen

আমাদের নিজেদের চোখের সামনেই তেমনই আন্দোলন চলছে

Die moderne Bourgeoisie Gesellschaft mit ihren Produktions-, Tausch- und Eigentumsverhältnissen

আধুনিক বুর্জোয়া সমাজ তার উৎপাদন সম্পর্ক, বিনিময় ও সম্পত্তির সম্পর্ক নিয়ে

eine Gesellschaft, die so gigantische Produktions- und Tauschmittel heraufbeschworen hat

যে সমাজ উৎপাদন ও বিনিময়ের এত বিশাল উপকরণ গড়ে তুলেছে

Es ist wie der Zauberer, der die Mächte der Unterwelt heraufbeschworen hat

এ যেন জাদুকরের মতো যিনি পাতালের জগতের শক্তিকে ডেকেছিলেন

Aber er ist nicht mehr in der Lage, zu kontrollieren, was er in die Welt gebracht hat

কিন্তু তিনি পৃথিবীতে যা এনেছেন তা তিনি আর নিয়ন্ত্রণ করতে সক্ষম নন

Viele Jahrzehnte lang war die vergangene Geschichte durch einen roten Faden miteinander verbunden

বহু দশক ধরে ইতিহাস একটি সাধারণ সুতোয় বাঁধা ছিল

Die Geschichte der Industrie und des Handels ist nichts anderes als die Geschichte der Revolten

শিল্প ও বাণিজ্যের ইতিহাস কিন্তু বিদ্রোহের ইতিহাস

die Revolten der modernen Produktivkräfte gegen die modernen Produktionsbedingungen

আধুনিক উৎপাদন অবস্থার বিরুদ্ধে আধুনিক উৎপাদিকা শক্তির বিদ্রোহ

die Revolten der modernen Produktivkräfte gegen die Eigentumsverhältnisse

সম্পত্তি সম্পর্কের বিরুদ্ধে আধুনিক উৎপাদিকা শক্তির বিদ্রোহ

diese Eigentumsverhältnisse sind die Bedingungen für die Existenz der Bourgeoisie

এই সম্পত্তি সম্পর্কই বুর্জোয়াদের অস্তিত্বের শর্ত

und die Existenz der Bourgeoisie bestimmt die Regeln der Eigentumsverhältnisse

এবং বুর্জোয়া অস্তিত্ব সম্পত্তি সম্পর্ক জন্য নিয়ম নির্ধারণ করে

Es genügt, die periodische Wiederkehr von Handelskrisen zu erwähnen

বাণিজ্যিক সংকটের পর্যায়ক্রমিক প্রত্যাবর্তনের কথা উল্লেখ করাই যথেষ্ট

jede Handelskrise ist für die Bourgeoisie Gesellschaft bedrohlicher als die letzte

প্রতিটি বাণিজ্যিক সংকট বুর্জোয়া সমাজের জন্য গতবারের চেয়ে বেশি হুমকিস্বরূপ

In diesen Krisen wird ein großer Teil der bestehenden Produkte vernichtet

এসব সংকটে বিদ্যমান পণ্যের একটি বড় অংশ ধ্বংস হয়ে যায়

Diese Krisen zerstören aber auch die zuvor geschaffenen Produktivkräfte

কিন্তু এসব সংকট পূর্বের সৃষ্ট উৎপাদিকা শক্তিকেও ধ্বংস করে দেয়

In allen früheren Epochen wären diese Epidemien als Absurdität erschienen

পূর্ববর্তী সমস্ত যুগে এই মহামারীগুলি একটি অযৌক্তিক বলে মনে হত

denn diese Epidemien sind die kommerziellen Krisen der Überproduktion

কারণ এসব মহামারি অতি উৎপাদনের বাণিজ্যিক সংকট

Die Gesellschaft befindet sich plötzlich wieder in einem Zustand der momentanen Barbarei

সমাজ হঠাৎ করেই নিজেকে সাময়িক বর্বরতার অবস্থায় ফেলে দেয়

als ob ein allgemeiner Verwüstungskrieg jede Möglichkeit des Lebensunterhalts abgeschnitten hätte

যেন এক সর্বজনীন ধ্বংসযজ্ঞের যুদ্ধ জীবিকার সমস্ত উপায় বন্ধ করে দিয়েছে

Industrie und Handel scheinen zerstört worden zu sein; Und warum?

শিল্প ও বাণিজ্য ধ্বংস হয়ে গেছে বলে মনে হয়; আর কেন?

Weil es zu viel Zivilisation und Subsistenzmittel gibt

কারণ সেখানে জীবিকা নির্বাহের সভ্যতা ও উপকরণের আধিক্য রয়েছে

Und weil es zu viel Industrie und zu viel Handel gibt

এবং কারণ সেখানে খুব বেশি শিল্প এবং খুব বেশি বাণিজ্য রয়েছে

Die Produktivkräfte, die der Gesellschaft zur Verfügung stehen, entwickeln nicht mehr das Bourgeoisie Eigentum

সমাজের নিষ্পত্তিতে উৎপাদিকা শক্তি আর বুর্জোয়া সম্পত্তির বিকাশ ঘটায় না

im Gegenteil, sie sind zu mächtig geworden für diese Verhältnisse, durch die sie gefesselt sind

পক্ষান্তরে, তারা এই অবস্থার জন্য খুব শক্তিশালী হয়ে উঠেছে, যার দ্বারা তারা বেঁধে রাখা হয়

sobald sie diese Fesseln überwunden haben, bringen sie Unordnung in die ganze Bourgeoisie Gesellschaft

যখনই তারা এই বন্ধনগুলি অতিক্রম করে, তারা সমগ্র বুর্জোয়া সমাজে বিশৃঙ্খলা ডেকে আনে

und die Produktivkräfte gefährden die Existenz des Bourgeoisie Eigentums

এবং উৎপাদিকা শক্তি বুর্জোয়া সম্পত্তির অস্তিত্বকে বিপন্ন করে

Die Bedingungen der Bourgeoisie Gesellschaft sind zu eng, um den von ihnen geschaffenen Reichtum zu erfassen

বুর্জোয়া সমাজের অবস্থা এতই সংকীর্ণ যে তাদের সৃষ্ট সম্পদ গঠন করা সম্ভব নয়

Und wie überwindet die Bourgeoisie diese Krisen?

আর বুর্জোয়ারা এসব সংকট কাটিয়ে উঠবে কীভাবে?

Einerseits überwindet sie diese Krisen durch die erzwungene Vernichtung einer Masse von Produktivkräften

একদিকে, এটি উত্পাদিকা শক্তির একটি ভরকে জোরপূর্বক ধ্বংস করে এই সংকটগুলি কাটিয়ে ওঠে

Andererseits überwindet sie diese Krisen durch die Eroberung neuer Märkte

অন্যদিকে, এটি নতুন বাজার বিজয়ের মাধ্যমে এই সংকটগুলি কাটিয়ে ওঠে

Und sie überwindet diese Krisen durch die gründlichere Ausbeutung der alten Produktivkräfte

এবং পুরাতন উৎপাদন শক্তির অধিকতর পুঙ্খানুপুঙ্খ শোষণের মাধ্যমে সে এসব সংকট কাটিয়ে ওঠে

Das heißt, indem sie den Weg für umfangreichere und zerstörerischere Krisen ebnen

অর্থাৎ, আরও বিস্তৃত এবং আরও ধ্বংসাত্মক সংকটের পথ প্রশস্ত করে

Sie überwindet die Krise, indem sie die Mittel zur Krisenprävention einschränkt

সংকট প্রতিরোধের উপায় হ্রাস করে সংকট কাটিয়ে ওঠে

Die Waffen, mit denen die Bourgeoisie den Feudalismus zu Fall brachte, sind jetzt gegen sich selbst gerichtet

যে অস্ত্র দিয়ে বুর্জোয়ারা সামন্ততন্ত্রকে মাটিতে মিশিয়ে দিয়েছিল, সেই অস্ত্র এখন নিজের বিরুদ্ধেই চলে গেছে

Aber die Bourgeoisie hat nicht nur die Waffen geschmiedet, die sich selbst den Tod bringen

কিন্তু বুর্জোয়ারা শুধু সেই অস্ত্রই তৈরি করেনি যা নিজের মৃত্যু ডেকে আনে

Sie hat auch die Männer ins Leben gerufen, die diese Waffen führen sollen

এটি সেই অস্ত্রগুলি চালানোর জন্য পুরুষদেরও অস্তিত্বের আহ্বান জানিয়েছে

Und diese Männer sind die moderne Arbeiterklasse; Sie sind die Proletarier

আর এরাই আধুনিক শ্রমিক শ্রেণী; এরাই সর্বহারা

In dem Maße, wie die Bourgeoisie entwickelt ist, entwickelt sich auch das Proletariat

যে অনুপাতে বুর্জোয়া শ্রেণি বিকশিত হয়, সেই অনুপাতে প্রলেতারিয়েত বিকশিত হয়

Die moderne Arbeiterklasse entwickelte eine Klasse von Arbeitern

আধুনিক শ্রমিক শ্রেণি শ্রমিকদের একটি শ্রেণি গড়ে তুলেছিল

Diese Klasse von Arbeitern lebt nur so lange, wie sie Arbeit findet

এই শ্রেণীর শ্রমিকরা ততক্ষণই বাঁচে যতক্ষণ তারা কাজ পায়

Und sie finden nur so lange Arbeit, wie ihre Arbeit das Kapital vermehrt

এবং তারা ততক্ষণই কাজ খুঁজে পায় যতক্ষণ তাদের শ্রম মূলধন বৃদ্ধি করে

Diese Arbeiter, die sich stückweise verkaufen müssen, sind eine Ware

এই শ্রমিকরা, যাদের নিজেদের টুকরো টুকরো করে বিক্রি করতে হয়, তারা একটি পণ্য

Diese Arbeiter sind wie jeder andere Handelsartikel

এই শ্রমিকরা বাণিজ্যের অন্যান্য জিনিসপত্রের মতোই

und sie sind folglich allen Wechselfällen des Wettbewerbs ausgesetzt

এবং ফলস্বরূপ তারা প্রতিযোগিতার সমস্ত উত্থান–পতনের মুখোমুখি হয়

Sie müssen alle Schwankungen des Marktes überstehen

বাজারের সব ওঠানামা তাদের মোকাবেলা করতে হবে

Aufgrund des umfangreichen Maschineneinsatzes und der Arbeitsteilung

যন্ত্রপাতির ব্যাপক ব্যবহার এবং শ্রম বিভাজনের কারণে

Die Arbeit der Proletarier hat jeden individuellen Charakter verloren

প্রলেতারিয়েতদের কাজ সমস্ত স্বতন্ত্র চরিত্র হারিয়েছে

Und folglich hat die Arbeit der Proletarier für den Arbeiter jeden Reiz verloren

আর ফলস্বরূপ প্রলেতারিয়েতদের কাজ শ্রমিকের প্রতি সমস্ত আকর্ষণ হারিয়েছে

Er wird zu einem Anhängsel der Maschine und nicht mehr zu dem Mann, der er einmal war

তিনি একসময় যে মানুষ ছিলেন তার পরিবর্তে তিনি মেশিনের একটি উপাঙ্গ হয়ে ওঠেন

Nur das einfachste, eintönigste und am leichtesten zu erwerbende Geschick wird von ihm verlangt

কেবল সবচেয়ে সহজ, একঘেয়ে এবং সবচেয়ে সহজে অর্জিত নৈপুণ্য তার কাছ থেকে প্রয়োজন

Daher sind die Produktionskosten eines Arbeiters begrenzt

অতএব, একজন শ্রমিকের উৎপাদন খরচ সীমাবদ্ধ

sie beschränkt sich fast ausschließlich auf die Mittel zur Bestreitung des Lebensunterhalts, die er zu seinem Unterhalt benötigt

এটি তার ভরণপোষণের জন্য প্রয়োজনীয় জীবিকা নির্বাহের উপকরণের মধ্যে প্রায় সম্পূর্ণরূপে সীমাবদ্ধ

und sie beschränkt sich auf die Subsistenzmittel, die er zur Fortpflanzung seiner Rasse benötigt

এবং তার বংশের বংশ বিস্তারের জন্য যে জীবিকা নির্বাহের উপকরণ প্রয়োজন তা সীমাবদ্ধ

Aber der Preis einer Ware, also auch der Arbeit, ist gleich ihren Produktionskosten

কিন্তু একটি পণ্যের দাম, এবং সেইজন্য শ্রমেরও, তার উৎপাদন খরচের সমান

In dem Maße also, wie die Widerwärtigkeit der Arbeit zunimmt, sinkt der Lohn

অনুপাতে তাই কাজের বিতৃষ্ণা যত বাড়ে, মজুরি তত কমে যায়

Ja, die Widerwärtigkeit seiner Arbeit nimmt sogar noch mehr zu

বরং তার কাজের ঘৃণা আরও বেশি হারে বৃদ্ধি পায়

In dem Maße, wie der Einsatz von Maschinen und die Arbeitsteilung zunehmen, steigt auch die Last der Arbeit

যন্ত্রপাতির ব্যবহার ও শ্রম বিভাজন যত বাড়ে, পরিশ্রমের বোঝাও তত বাড়ে

Die Arbeitsbelastung wird durch die Verlängerung der Arbeitszeit erhöht

কাজের সময় দীর্ঘায়িত করে পরিশ্রমের বোঝা বৃদ্ধি পায়

Dem Arbeiter wird in der gleichen Zeit mehr zugemutet als zuvor

আগের মতো একই সময়ে শ্রমিকের কাছ থেকে আরও বেশি আশা করা যায়

Und natürlich wird die Last der Arbeit durch die Geschwindigkeit der Maschinerie erhöht

এবং অবশ্যই যন্ত্রপাতির গতি দ্বারা পরিশ্রমের বোঝা বৃদ্ধি পায়

Die moderne Industrie hat die kleine Werkstatt des patriarchalischen Meisters in die große Fabrik des industriellen Kapitalisten verwandelt

আধুনিক শিল্প পিতৃতান্ত্রিক প্রভুর ক্ষুদ্র কর্মশালাকে শিল্প পুঁজিপতির মহাকারখানায় রূপান্তরিত করেছে

Massen von Arbeitern, die in die Fabrik gedrängt sind, sind wie Soldaten organisiert

কারখানায় ভিড় করা শ্রমিকরা সৈনিকের মতো সংগঠিত

Als Gefreite der Industriearmee stehen sie unter dem Kommando einer vollkommenen Hierarchie von Offizieren und Unteroffizieren

শিল্প সেনাবাহিনীর প্রাইভেট হিসাবে তাদের অফিসার এবং সার্জেন্টদের একটি নিখুঁত শ্রেণিবিন্যাসের কমান্ডের অধীনে রাখা হয়

sie sind nicht nur die Sklaven der Bourgeoisie und des Staates

তারা শুধু বুর্জোয়া শ্রেণি ও রাষ্ট্রের দাস নয়

Aber sie werden auch täglich und stündlich von der Maschine versklavt

কিন্তু তারাও প্রতিদিন এবং প্রতি ঘন্টায় যন্ত্রের দাসত্বে আবদ্ধ হয়

sie sind Sklaven des Aufsehers und vor allem des einzelnen Bourgeoisie Fabrikanten selbst

তারা উপরোক্ষ দর্শকের দাসত্বে আবদ্ধ, এবং সর্বোপরি স্বয়ং বুর্জোয়া প্রস্তুতকারকের দ্বারা

Je offener dieser Despotismus den Gewinn als seinen Zweck und sein Ziel proklamiert, desto kleinlicher, verhaßter und verbitterender ist er

এই স্বৈরাচার যত বেশি প্রকাশ্যে লাভকে তার শেষ ও লক্ষ্য বলে ঘোষণা করে, তত বেশি ক্ষুদ্র, আরও ঘৃণ্য এবং আরও তিক্ত হয়

Je mehr sich die moderne Industrie entwickelt, desto geringer sind die Unterschiede zwischen den Geschlechtern

যত বেশি আধুনিক শিল্প বিকশিত হয়, লিঙ্গগুলির মধ্যে পার্থক্য তত কম হয়

Je geringer die Geschicklichkeit und Kraftanstrengung der Handarbeit ist, desto mehr wird die Arbeit der Männer von der der Frauen verdrängt

কায়িক শ্রমে নিহিত দক্ষতা এবং শক্তির পরিশ্রম যত কম হয়, পুরুষের শ্রম তত বেশি নারীর দ্বারা ছাড়িয়ে যায়

Alters- und Geschlechtsunterschiede haben für die Arbeiterklasse keine besondere gesellschaftliche Gültigkeit mehr

শ্রমিক শ্রেণির কাছে বয়স ও লিঙ্গের পার্থক্যের আর কোনো স্বতন্ত্র সামাজিক বৈধতা নেই

Alle sind Arbeitsinstrumente, die je nach Alter und Geschlecht mehr oder weniger teuer zu gebrauchen sind

সবগুলোই শ্রমের উপকরণ, বয়স ও লিঙ্গ অনুযায়ী ব্যবহার করা কমবেশি ব্যয়বহুল

sobald der Arbeiter seinen Lohn in bar erhält, wird er von den übrigen Teilen der Bourgeoisie angegriffen

শ্রমিক নগদ মজুরি পেলেই বুর্জোয়াদের অন্যান্য অংশ তার উপর চাপিয়ে দেয়

der Vermieter, der Ladenbesitzer, der Pfandleiher usw

বাড়িওয়ালা, দোকানদার, বন্ধকী দালাল ইত্যাদি

Die unteren Schichten der Mittelschicht; die kleinen Handwerker und Ladenbesitzer

মধ্যবিত্তের নিম্ন স্তর; ক্ষুদ্র ব্যবসায়ী ও দোকানদার

die pensionierten Gewerbetreibenden überhaupt, die Handwerker und Bauern

অবসরপ্রাপ্ত ব্যবসায়ী সাধারণত, এবং হস্তশিল্পী ও কৃষক

all dies sinkt allmählich in das Proletariat ein

এসবই ধীরে ধীরে প্রলেতারিয়েতের মধ্যে ডুবে যায়

theils deshalb, weil ihr winziges Kapital nicht ausreicht für den Maßstab, in dem die moderne Industrie betrieben wird

আংশিক কারণ আধুনিক শিল্প যে মাত্রায় পরিচালিত হয় তার জন্য তাদের ক্ষুদ্র মূলধন যথেষ্ট নয়

und weil sie in der Konkurrenz mit den Großkapitalisten überschwemmt wird

এবং কারণ এটি বড় পুঁজিপতিদের সাথে প্রতিযোগিতায় ডুবে গেছে

zum Teil deshalb, weil ihr spezialisiertes Können durch die neuen Produktionsmethoden wertlos wird

আংশিক কারণ তাদের বিশেষ দক্ষতা উৎপাদনের নতুন পদ্ধতির দ্বারা মূল্যহীন হয়ে পড়েছে

So rekrutiert sich das Proletariat aus allen Klassen der Bevölkerung

এভাবে প্রলেতারিয়েত নিয়োগ করা হয় সকল শ্রেণীর জনগোষ্ঠী থেকে

Das Proletariat durchläuft verschiedene Entwicklungsstufen

প্রলেতারিয়েত বিকাশের বিভিন্ন ধাপ অতিক্রম করে

Mit ihrer Geburt beginnt der Kampf mit der Bourgeoisie

এর জন্মের সাথে সাথে বুর্জোয়াদের সাথে তার সংগ্রাম শুরু হয়

Zuerst wird der Kampf von einzelnen Arbeitern geführt

প্রথমে প্রতিযোগিতাটি পৃথক শ্রমিকদের দ্বারা পরিচালিত হয়

Dann wird der Kampf von den Arbeitern einer Fabrik ausgetragen

তারপরে প্রতিযোগিতাটি একটি কারখানার শ্রমিকদের দ্বারা পরিচালিত হয়

Dann wird der Kampf von den Arbeitern eines Gewerbes an einem Ort ausgetragen

তারপর প্রতিযোগিতা চালায় এক ট্রেডের অপারেটিভদের দ্বারা, এক লোকালয়ে

und der Kampf richtet sich dann gegen die einzelne Bourgeoisie, die sie direkt ausbeutet

এবং প্রতিযোগিতা তখন ব্যক্তি বুর্জোয়াদের বিরুদ্ধে যারা সরাসরি তাদের শোষণ করে

Sie richten ihre Angriffe nicht gegen die Bourgeoisie Produktionsbedingungen

তারা তাদের আক্রমণ পরিচালনা করে উৎপাদনের বুর্জোয়া অবস্থার বিরুদ্ধে নয়

aber sie richten ihren Angriff gegen die Produktionsmittel selbst

কিন্তু তারা নিজেরাই উৎপাদনের হাতিয়ারগুলোর বিরুদ্ধে তাদের আক্রমণ পরিচালনা করে

Sie vernichten importierte Waren, die mit ihrer Arbeitskraft konkurrieren

তারা তাদের শ্রমের সাথে প্রতিযোগিতা করে এমন আমদানি করা পণ্যগুলি ধ্বংস করে

Sie zertrümmern Maschinen und setzen Fabriken in Brand

তারা যন্ত্রপাতি ভেঙে টুকরো টুকরো করে কারখানায় আগুন ধরিয়ে দেয়

sie versuchen, den verschwundenen Status des Arbeiters des Mittelalters mit Gewalt wiederherzustellen

তারা বলপূর্বক মধ্যযুগের শ্রমিকের বিলুপ্ত অবস্থা পুনরুদ্ধার করতে চায়

In diesem Stadium bilden die Arbeiter noch eine unzusammenhängende Masse, die über das ganze Land verstreut ist

এই পর্যায়ে শ্রমিকরা এখনও সারা দেশে ছড়িয়ে ছিটিয়ে থাকা একটি অসংলগ্ন জনগোষ্ঠী গঠন করে

und sie werden durch ihre gegenseitige Konkurrenz zerrissen

এবং তারা তাদের পারস্পরিক প্রতিযোগিতা দ্বারা বিভক্ত হয়

Wenn sie sich irgendwo zu kompakteren Körpern vereinigen, so ist dies noch nicht die Folge ihrer eigenen aktiven Vereinigung

কোথাও যদি তারা ঐক্যবদ্ধ হয়ে আরও সুসংহত সংস্থা গঠন করে, তবে এটি এখনও তাদের নিজস্ব সক্রিয় মিলনের পরিণতি নয়

aber es ist eine Folge der Vereinigung der Bourgeoisie, ihre eigenen politischen Ziele zu erreichen

কিন্তু এটা বুর্জোয়াদের মিলনের পরিণতি, তার নিজস্ব রাজনৈতিক লক্ষ্য অর্জন করা

die Bourgeoisie ist gezwungen, das ganze Proletariat in Bewegung zu setzen

বুর্জোয়ারা সমগ্র প্রলেতারিয়েতকে গতিশীল করতে বাধ্য হয়

und überdies ist die Bourgeoisie eine Zeitlang dazu in der Lage

এবং অধিকন্তু, কিছু সময়ের জন্য, বুর্জোয়ারা তা করতে সক্ষম

In diesem Stadium kämpfen die Proletarier also nicht gegen ihre Feinde

এই পর্যায়ে, তাই, সর্বহারারা তাদের শত্রুদের সাথে লড়াই করে না

Stattdessen kämpfen sie gegen die Feinde ihrer Feinde

কিন্তু এর পরিবর্তে তারা তাদের শত্রুদের শত্রুদের বিরুদ্ধে লড়াই করছে

Der Kampf gegen die Überreste der absoluten Monarchie und die Großgrundbesitzer

পরম রাজতন্ত্র এবং জমির মালিকদের অবশিষ্টাংশের লড়াই

sie bekämpfen die nicht-industrielle Bourgeoisie; das Kleiliche Bourgeoisie

তারা অ-শিল্প বুর্জোয়াদের বিরুদ্ধে লড়াই করে; পেটি বুর্জোয়া

So ist die ganze historische Bewegung in den Händen der Bourgeoisie konzentriert

এভাবে সমগ্র ঐতিহাসিক আন্দোলন বুর্জোয়াদের হাতে কেন্দ্রীভূত

jeder so errungene Sieg ist ein Sieg der Bourgeoisie

এভাবে অর্জিত প্রতিটি বিজয়ই বুর্জোয়াদের বিজয়

Aber mit der Entwicklung der Industrie wächst nicht nur die Zahl des Proletariats

কিন্তু শিল্পের বিকাশের সঙ্গে সঙ্গে প্রলেতারিয়েত শুধু সংখ্যাতেই বাড়ে না

das Proletariat konzentriert sich in größeren Massen und seine Kraft wächst

সর্বহারা শ্রেণী বৃহত্তর জনগোষ্ঠীতে কেন্দ্রীভূত হয় এবং তার শক্তি বৃদ্ধি পায়

und das Proletariat spürt diese Kraft mehr und mehr

এবং সর্বহারা শ্রেণী সেই শক্তি আরও বেশি করে অনুভব করে

Die verschiedenen Interessen und Lebensbedingungen in den Reihen des Proletariats gleichen sich mehr und mehr an

প্রলেতারিয়েতের সারির মধ্যে জীবনের বিভিন্ন স্বার্থ ও শর্ত ক্রমশ সমান হয়ে উঠছে

sie werden in dem Maße größer, wie die Maschinerie alle Unterschiede der Arbeit verwischt

যন্ত্রপাতি শ্রমের সমস্ত বৈষম্য মুছে ফেলার সাথে সাথে তারা আরও অনুপাতে হয়ে ওঠে

Und die Maschinen senken fast überall die Löhne auf das gleiche niedrige Niveau

এবং যন্ত্রপাতি প্রায় সর্বত্র একই নিম্ন স্তরে মজুরি হ্রাস করে

Die wachsende Konkurrenz der Bourgeoisie und die daraus resultierenden Handelskrisen lassen die Löhne der Arbeiter immer schwankender

বুর্জোয়াদের মধ্যে ক্রমবর্ধমান প্রতিযোগিতা এবং তার ফলে সৃষ্ট বাণিজ্যিক সংকট শ্রমিকদের মজুরিকে আরও বেশি ওঠানামা করে তোলে

Die unaufhörliche Verbesserung der sich immer schneller entwickelnden Maschinen macht ihren Lebensunterhalt immer prekärer

যন্ত্রপাতির ক্রমাগত উন্নতি, যা ক্রমশ দ্রুত বিকশিত হচ্ছে, তা তাদের জীবিকাকে আরও বেশি অনিশ্চিত করে তুলছে

die Kollisionen zwischen einzelnen Arbeitern und einzelnen Bourgeoisien nehmen immer mehr den Charakter von Zusammenstößen zwischen zwei Klassen an

ব্যক্তি শ্রমিক এবং ব্যক্তি বুর্জোয়াদের মধ্যে সংঘর্ষ দুটি শ্রেণীর মধ্যে সংঘর্ষের চরিত্র আরও বেশি করে গ্রহণ করে

Darauf beginnen die Arbeiter, sich gegen die Bourgeoisie zu verbünden (Gewerkschaften)

তখন শ্রমিকরা বুর্জোয়াদের বিরুদ্ধে জোট গঠন (ট্রেড ইউনিয়ন) গঠন করতে শুরু করে

Sie schließen sich zusammen, um die Löhne hoch zu halten

মজুরির হার বজায় রাখার জন্য তারা একত্রিত হয়

sie gründeten ständige Vereinigungen, um für diese gelegentlichen Revolten im voraus Vorsorge zu treffen

তারা এই মাঝে মাঝে বিদ্রোহের জন্য আগে থেকেই ব্যবস্থা করার জন্য স্থায়ী সমিতি খুঁজে পেয়েছিল

Hier und da bricht der Wettkampf in Ausschreitungen aus

এখানে সেখানে প্রতিযোগিতা দাঙ্গায় রূপ নেয়

Hin und wieder siegen die Arbeiter, aber nur für eine gewisse Zeit

মাঝে মাঝে শ্রমিকরা বিজয়ী হয়, তবে তা কেবল কিছু সময়ের জন্য

Die wirkliche Frucht ihrer Kämpfe liegt nicht in den unmittelbaren Ergebnissen, sondern in der immer größer werdenden Vereinigung der Arbeiter

তাদের লড়াইয়ের আসল ফল নিহিত আছে তাৎক্ষণিক ফলাফলে নয়, শ্রমিকদের সদা প্রসারিত মিলনের মধ্যে

Diese Vereinigung wird durch die verbesserten Kommunikationsmittel unterstützt, die von der modernen Industrie geschaffen werden

এই ইউনিয়ন আধুনিক শিল্প দ্বারা নির্মিত যোগাযোগের উন্নত মাধ্যম দ্বারা সাহায্য করা হয়

Die moderne Kommunikation bringt die Arbeiter verschiedener Orte miteinander in Kontakt

আধুনিক যোগাযোগ ব্যবস্থা বিভিন্ন এলাকার শ্রমিকদের একে অপরের সংস্পর্শে নিয়ে আসে

Es war gerade dieser Kontakt, der nötig war, um die zahlreichen lokalen Kämpfe zu einem nationalen Kampf zwischen den Klassen zu zentralisieren

অসংখ্য স্থানীয় সংগ্রামকে শ্রেণীগুলির মধ্যে একটি জাতীয় সংগ্রামে কেন্দ্রীভূত করার জন্য কেবল এই যোগাযোগের প্রয়োজন ছিল

Alle diese Kämpfe haben den gleichen Charakter, und jeder Klassenkampf ist ein politischer Kampf

এই সমস্ত সংগ্রাম একই চরিত্রের, এবং প্রত্যেকটা শ্রেণী-সংগ্রামই হল রাজনৈতিক সংগ্রাম

die Bürger des Mittelalters mit ihren elenden Landstraßen brauchten Jahrhunderte, um ihre Vereinigungen zu bilden

মধ্যযুগের বার্গাররা, তাদের দুঃখজনক মহাসড়ক সহ, তাদের ইউনিয়ন গঠনের জন্য কয়েক শতাব্দী প্রয়োজন

Die modernen Proletarier erreichen dank der Eisenbahn ihre Gewerkschaften innerhalb weniger Jahre

আধুনিক প্রলেতারিয়েতরা, রেলওয়েকে ধন্যবাদ, কয়েক বছরের মধ্যে তাদের ইউনিয়ন অর্জন করে

Diese Organisation der Proletarier zu einer Klasse formte sie folglich zu einer politischen Partei

প্রলেতারিয়েতদের এই শ্রেণীতে সংগঠিত করার ফলে তারা একটি রাজনৈতিক পার্টিতে পরিণত হয়

Die politische Klasse wird immer wieder durch die Konkurrenz zwischen den Arbeitern selbst verärgert

শ্রমিকদের নিজেদের মধ্যে প্রতিযোগিতায় রাজনৈতিক শ্রেণি ক্রমাগত বিপর্যস্ত হচ্ছে

Aber die politische Klasse erhebt sich weiter, stärker, fester, mächtiger

কিন্তু রাজনৈতিক শ্রেণি আবার উঠে দাঁড়াচ্ছে, আরও শক্তিশালী, দৃঢ়, শক্তিশালী

Er zwingt zur gesetzgeberischen Anerkennung der besonderen Interessen der Arbeitnehmer

এটি শ্রমিকদের বিশেষ স্বার্থের আইনী স্বীকৃতিকে বাধ্য করে

sie tut dies, indem sie sich die Spaltungen innerhalb der Bourgeoisie selbst zunutze macht

এটা করে খোদ বুর্জোয়াদের মধ্যে বিভাজনের সুযোগ নিয়ে

Damit wurde das Zehnstundengesetz in England in Kraft gesetzt

এভাবে ইংল্যান্ডে দশ ঘন্টার বিলটি আইনে পরিণত হয়

in vielerlei Hinsicht ist der Zusammenstoß zwischen den Klassen der alten Gesellschaft ferner der Entwicklungsgang des Proletariats

নানাভাবে পুরাতন সমাজের শ্রেণীসমূহের মধ্যে সংঘর্ষ সর্বহারা শ্রেণীর বিকাশের ধারা

Die Bourgeoisie befindet sich in einem ständigen Kampf

বুর্জোয়ারা নিজেকে নিরন্তর লড়াইয়ে জড়িয়ে পড়ে

Zuerst wird sie sich in einem ständigen Kampf mit der Aristokratie wiederfinden

প্রথমে এটি অভিজাতদের সাথে নিরন্তর লড়াইয়ে নিজেকে জড়িত দেখতে পাবে

später wird sie sich in einem ständigen Kampf mit diesen Teilen der Bourgeoisie selbst wiederfinden

পরবর্তীকালে সে নিজেকেই বুর্জোয়াদের ঐ অংশগুলির সাথে নিরন্তর যুদ্ধে জড়িয়ে পড়বে

und ihre Interessen werden dem Fortschritt der Industrie entgegengesetzt sein

এবং তাদের স্বার্থ শিল্পের অগ্রগতির প্রতিকূল হয়ে উঠবে

zu allen Zeiten werden ihre Interessen mit der Bourgeoisie fremder Länder in Konflikt geraten sein

সব সময় তাদের স্বার্থ বিদেশের বুর্জোয়াদের কাছে বৈরী হয়ে উঠবে

In allen diesen Kämpfen sieht sie sich genötigt, an das Proletariat zu appellieren, und bittet es um Hilfe

এই সমস্ত লড়াইয়ে সে নিজেকে সর্বহারা শ্রেণীর কাছে আবেদন করতে বাধ্য বলে মনে করে এবং তার সাহায্য চায়

Und so wird sie sich gezwungen sehen, sie in die politische Arena zu zerren

আর এভাবেই তাকে রাজনৈতিক পরিধিতে টেনে আনতে বাধ্য হবে

Die Bourgeoisie selbst versorgt also das Proletariat mit ihren eigenen Instrumenten der politischen und allgemeinen Erziehung

বুর্জোয়া শ্রেণী তাই প্রলেতারিয়েতকে তার নিজস্ব রাজনৈতিক ও সাধারণ শিক্ষার হাতিয়ার সরবরাহ করে

mit anderen Worten, sie liefert dem Proletariat Waffen für den Kampf gegen die Bourgeoisie

অন্য কথায়, এটি সর্বহারা শ্রেণীকে বুর্জোয়াদের বিরুদ্ধে লড়াই করার জন্য অস্ত্র সরবরাহ করে

Ferner werden, wie wir schon gesehen haben, ganze Schichten der herrschenden Klassen in das Proletariat hineingestürzt

অধিকন্তু, যেমনটি আমরা ইতিমধ্যেই দেখেছি, শাসক শ্রেণীর সমগ্র অংশই সর্বহারা শ্রেণীতে ঢুকে পড়েছে

der Fortschritt der Industrie saugt sie in das Proletariat hinein

শিল্পের অগ্রযাত্রা তাদের সর্বহারা শ্রেণীতে টেনে নেয়

oder zumindest sind sie in ihren Existenzbedingungen bedroht

অথবা, অন্তত, তারা তাদের অস্তিত্বের শর্তে হুমকির সম্মুখীন হয়

Diese versorgen auch das Proletariat mit frischen Elementen der Aufklärung und des Fortschritts

এগুলি সর্বহারা শ্রেণীকে জ্ঞান ও প্রগতির নতুন উপাদান সরবরাহ করে

Endlich, in Zeiten, in denen sich der Klassenkampf der entscheidenden Stunde nähert

অবশেষে, এমন সময়ে যখন শ্রেণীসংগ্রাম নির্ণায়ক সময়ের কাছাকাছি

Der Auflösungsprozess innerhalb der herrschenden Klasse

শাসক শ্রেণীর অভ্যন্তরে চলছে বিলুপ্তির প্রক্রিয়া

In der Tat wird die Auflösung, die sich innerhalb der
herrschenden Klasse vollzieht, in der gesamten Bandbreite
der Gesellschaft zu spüren sein

বস্তুত শাসক শ্রেণীর অভ্যন্তরে যে বিলুপ্তি চলছে তা
সমাজের সর্বস্তরের মধ্যেই অনুভূত হবে

Sie wird einen so gewalttätigen, krassen Charakter
annehmen, dass ein kleiner Teil der herrschenden Klasse
sich selbst abtreibt

এটি এমন হিংস্র, স্পষ্ট চরিত্র ধারণ করবে যে শাসক
শ্রেণীর একটি ক্ষুদ্র অংশ নিজেকে বিচ্ছিন্ন করে ফেলবে

Und diese herrschende Klasse wird sich der revolutionären
Klasse anschließen

আর সেই শাসক শ্রেণী বিপ্লবী শ্রেণীতে যোগ দেবে

Die revolutionäre Klasse ist die Klasse, die die Zukunft in
ihren Händen hält

বিপ্লবী শ্রেণী হচ্ছে সেই শ্রেণী যা ভবিষ্যৎকে তার হাতে
ধরে রেখেছে

Wie in früheren Zeiten ging ein Teil des Adels zur
Bourgeoisie über

ঠিক যেমন আগেকার যুগে অভিজাতদের একটা অংশ
বুর্জোয়াদের হাতে চলে গিয়েছিল

ebenso wird ein Teil der Bourgeoisie zum Proletariat
übergehen

একইভাবে বুর্জোয়াদের একটি অংশ প্রলেতারিয়েতের কাছে
চলে যাবে

insbesondere wird ein Teil der Bourgeoisie zu einem Teil
der Bourgeoisie Ideologen übergehen

বিশেষত, বুর্জোয়াদের একটি অংশ বুর্জোয়া মতাদর্শীদের
একটি অংশের কাছে চলে যাবে

Bourgeoisie Ideologen, die sich auf die Ebene erhoben
haben, die historische Bewegung als Ganzes theoretisch zu
begreifen

বুর্জোয়া মতাদর্শবিদ যারা সামগ্রিকভাবে ঐতিহাসিক আন্দোলনকে তাত্ত্বিকভাবে বোঝার স্তরে নিজেদেরকে উন্নীত করেছেন

Von allen Klassen, die heute der Bourgeoisie gegenüberstehen, ist das Proletariat allein eine wirklich revolutionäre Klasse

আজ যে সমস্ত শ্রেণী বুর্জোয়াদের মুখোমুখি দাঁড়িয়ে আছে, তার মধ্যে একমাত্র প্রলেতারিয়েতই হচ্ছে সত্যিকারের বিপ্লবী শ্রেণী

Die anderen Klassen zerfallen und verschwinden schließlich im Angesicht der modernen Industrie

আধুনিক শিল্পের মুখে অন্য শ্রেণিগুলো ক্ষয় হয়ে অবশেষে বিলুপ্ত হয়ে যায়

das Proletariat ist ihr besonderes und wesentliches Produkt

প্রলেতারিয়েত তার বিশেষ ও অপরিহার্য পণ্য

Die untere Mittelschicht, der kleine Fabrikant, der Ladenbesitzer, der Handwerker, der Bauer

নিম্ন মধ্যবিত্ত, ক্ষুদ্র উৎপাদক, দোকানদার, কারিগর, কৃষক

all diese Kämpfe gegen die Bourgeoisie

এই সব বুর্জোয়াদের বিরুদ্ধে লড়াই

Sie kämpfen als Fraktionen der Mittelschicht, um sich vor dem Aussterben zu retten

তারা মধ্যবিত্তের ভগ্নাংশ হিসাবে নিজেদের বিলুপ্তির হাত থেকে বাঁচানোর জন্য লড়াই করে

Sie sind also nicht revolutionär, sondern konservativ

তাই তারা বিপ্লবী নয়, রক্ষণশীল

Ja, mehr noch, sie sind reaktionär, denn sie versuchen, das Rad der Geschichte zurückzudrehen

বরং তারা প্রতিক্রিয়াশীল, কারণ তারা ইতিহাসের চাকা পেছানোর চেষ্টা করে

Wenn sie zufällig revolutionär sind, so sind sie es nur im Hinblick auf ihre bevorstehende Überführung in das Proletariat

যদি দৈবক্রমে তারা বিপ্লবী হয়, তবে তারা কেবল সর্বহারা শ্রেণীতে তাদের আসন্ন স্থানান্তরের পরিপ্রেক্ষিতে

Sie verteidigen also nicht ihre gegenwärtigen, sondern ihre zukünftigen Interessen

এভাবে তারা তাদের বর্তমানকে নয়, বরং তাদের ভবিষ্যতের স্বার্থ রক্ষা করে

sie verlassen ihren eigenen Standpunkt, um sich auf den des Proletariats zu stellen

তারা নিজেদের অবস্থান পরিত্যাগ করে নিজেদেরকে সর্বহারা শ্রেণীর অবস্থানে স্থাপন করে

Die »gefährliche Klasse«, der soziale Abschaum, diese passiv verrottende Masse, die von den untersten Schichten der alten Gesellschaft abgeworfen wird

"বিপজ্জনক শ্রেণী", সামাজিক নোংরামি, পুরানো সমাজের নিম্নতম স্তরগুলি দ্বারা নিক্ষিপ্তভাবে পচে যাওয়া জনগণকে নিক্ষেপ করে

sie können hier und da von einer proletarischen Revolution in die Bewegung hineingerissen werden

তারা এখানে–ওখানে সর্বহারা বিপ্লবের মাধ্যমে আন্দোলনে ভেসে যেতে পারে

Seine Lebensbedingungen bereiten ihn jedoch viel mehr auf die Rolle eines bestochenen Werkzeugs reaktionärer Intrigen vor

এর জীবনযাত্রার অবস্থা অবশ্য এটিকে প্রতিক্রিয়াশীল ষড়যন্ত্রের ঘুষের হাতিয়ারের অংশের জন্য আরও বেশি প্রস্তুত করে

In den Verhältnissen des Proletariats sind die Verhältnisse der alten Gesellschaft im Allgemeinen bereits praktisch überschwemmt

প্রলেতারিয়েতের অবস্থায়, বৃহত্তর পুরাতন সমাজের লোকেরা ইতিমধ্যে কার্যত জলাবদ্ধ হয়ে পড়েছে

Der Proletarier ist ohne Eigentum

সর্বহারা সম্পত্তিহীন

sein Verhältnis zu Frau und Kindern hat mit den
Familienverhältnissen der Bourgeoisie nichts mehr gemein

স্ত্রী–সন্তানদের সঙ্গে তার সম্পর্কের সঙ্গে বুর্জোয়াদের
পারিবারিক সম্পর্কের আর কোনো মিল নেই

moderne industrielle Arbeit, moderne Unterwerfung unter
das Kapital, dasselbe in England wie in Frankreich, in
Amerika wie in Deutschland

আধুনিক শিল্প শ্রম, পুঁজির আধুনিক অধীনতা, ইংল্যান্ডে
যেমন ফ্রান্সে, আমেরিকায় তেমনি জার্মানিতে

Seine Stellung in der Gesellschaft hat ihm jede Spur von
nationalem Charakter genommen

সমাজে তার অবস্থা তাকে জাতীয় চরিত্রের সমস্ত চিহ্ন থেকে
বঞ্চিত করেছে

Gesetz, Moral, Religion sind für ihn so viele Bourgeoisie
Vorurteile

আইন, নৈতিকতা, ধর্ম তার কাছে অনেক বুর্জোয়া কুসংস্কার

und hinter diesen Vorurteilen lauern ebenso viele
Bourgeoisie Interessen

আর এসব কুসংস্কারের পেছনে লুকিয়ে আছে অনেক বুর্জোয়া
স্বার্থের মতোই

Alle vorhergehenden Klassen, die die Oberhand gewannen,
versuchten, ihren bereits erworbenen Status zu festigen

পূর্ববর্তী সমস্ত শ্রেণী যারা উচ্চতর হাত পেয়েছিল, তারা
তাদের ইতিমধ্যে অর্জিত মর্যাদাকে শক্তিশালী করার চেষ্টা
করেছিল

Sie taten dies, indem sie die Gesellschaft als Ganzes ihren
Aneignungsbedingungen unterwarfen

তারা বৃহত্তর সমাজকে তাদের দখলের শর্তের অধীন করে
এটি করেছিল

Die Proletarier können nicht Herren der Produktivkräfte der
Gesellschaft werden

প্রলেতারিয়েতরা সমাজের উৎপাদিকা শক্তির প্রভু হতে পারে
না

Sie kann dies nur tun, indem sie ihre eigene bisherige Aneignungsweise abschafft

এটি কেবল তাদের পূর্ববর্তী দখলের পদ্ধতিটি বিলুপ্ত করে এটি করতে পারে

Und damit hebt sie auch jede andere bisherige Aneignungsweise auf

এবং এর ফলে এটি দখলের পূর্ববর্তী সমস্ত পদ্ধতিও বিলুপ্ত করে

Sie haben nichts Eigenes zu sichern und zu festigen

সুরক্ষিত করার এবং শক্তিশালী করার জন্য তাদের নিজস্ব কিছুই নেই

Ihre Aufgabe ist es, alle bisherigen Sicherheiten und Versicherungen für individuelles Eigentum zu vernichten

তাদের লক্ষ্য হল পৃথক সম্পত্তির জন্য পূর্ববর্তী সমস্ত সিকিউরিটিজ এবং বীমা ধ্বংস করা

Alle bisherigen historischen Bewegungen waren Bewegungen von Minderheiten

পূর্ববর্তী সকল ঐতিহাসিক আন্দোলন ছিল সংখ্যালঘুদের আন্দোলন

oder es handelte sich um Bewegungen im Interesse von Minderheiten

অথবা তারা সংখ্যালঘুদের স্বার্থে আন্দোলন ছিল

Die proletarische Bewegung ist die selbstbewusste, selbständige Bewegung der ungeheuren Mehrheit

সর্বহারা আন্দোলন হচ্ছে বিপুল সংখ্যাগরিষ্ঠের আত্মসচেতন, স্বাধীন আন্দোলন

Und es ist eine Bewegung im Interesse der großen Mehrheit

এবং এটি বিপুল সংখ্যাগরিষ্ঠের স্বার্থে একটি আন্দোলন

Das Proletariat, die unterste Schicht unserer heutigen Gesellschaft

প্রলেতারিয়েত, আমাদের বর্তমান সমাজের সর্বনিম্ন স্তর

Sie kann sich nicht regen oder erheben, ohne daß die ganze übergeordnete Schicht der offiziellen Gesellschaft in die Luft geschleudert wird

আনুষ্ঠানিক সমাজের সমগ্র সুপারিন্ট স্তর বাতাসে উড়তে না পারলে সে নিজেকে আলোড়িত বা উত্থাপিত করতে পারে না

Der Kampf des Proletariats mit der Bourgeoisie ist, wenn auch nicht der Substanz nach, doch zunächst ein nationaler Kampf

সারবস্তুতে না হলেও আকারে বুর্জোয়াদের সঙ্গে সর্বহারা শ্রেণীর সংগ্রাম প্রথমে একটা জাতীয় সংগ্রাম

Das Proletariat eines jeden Landes muss natürlich vor allem mit seiner eigenen Bourgeoisie abrechnen

প্রত্যেক দেশের প্রলেতারিয়েতকে অবশ্যই সর্বাগ্রে তার নিজস্ব বুর্জোয়াদের সাথে বিষয়টির মীমাংসা করতে হবে

Indem wir die allgemeinsten Phasen der Entwicklung des Proletariats schilderten, verfolgten wir den mehr oder weniger verhüllten Bürgerkrieg

প্রলেতারিয়েতের বিকাশের সবচেয়ে সাধারণ পর্যায়গুলি চিত্রিত করতে গিয়ে আমরা কমবেশি প্রচ্ছন্ন গৃহযুদ্ধের সন্ধান পেয়েছি

Diese Zivilgesellschaft wütet in der bestehenden Gesellschaft

বিদ্যমান সমাজে এই নাগরিক চলছে

Er wird bis zu dem Punkt wüten, an dem dieser Krieg in eine offene Revolution ausbricht

এটি এমন পর্যায়ে পৌঁছাবে যে সেই যুদ্ধ প্রকাশ্য বিপ্লবে ছড়িয়ে পড়বে

und dann legt der gewaltsame Sturz der Bourgeoisie die Grundlage für die Herrschaft des Proletariats

এবং তারপর বুর্জোয়াদের সহিংস উৎখাত সর্বহারা শ্রেণীর আধিপত্যের ভিত্তি স্থাপন করে

Bisher beruhte jede Gesellschaftsform, wie wir bereits gesehen haben, auf dem Antagonismus unterdrückender und unterdrückter Klassen

এ পর্যন্ত সমাজের প্রতিটি রূপই নিপীড়িত ও নিপীড়িত শ্রেণীসমূহের বিরোধিতার উপর ভিত্তি করে গড়ে উঠেছে, যেমনটি আমরা ইতিমধ্যেই দেখেছি

Um aber eine Klasse zu unterdrücken, müssen ihr gewisse Bedingungen zugesichert werden

কিন্তু কোনো শ্রেণিকে দমন করতে হলে তাকে কিছু শর্ত নিশ্চিত করতে হবে

Die Klasse muss unter Bedingungen gehalten werden, unter denen sie wenigstens ihre sklavische Existenz fortsetzen kann

শ্রেণীকে এমন পরিস্থিতিতে রাখতে হবে যাতে সে অন্ততঃ তার দাসত্বের অস্তিত্ব অব্যাহত রাখতে পারে

Der Leibeigene erhob sich in der Zeit der Leibeigenschaft zum Mitglied der Kommune

ভূমিদাসত্বের সময়কালে ভূমিদাস নিজেকে কমিউনের সদস্যপদে উন্নীত করেছিলেন

so wie es dem Kleinbourgeoisie unter dem Joch des feudalen Absolutismus gelang, sich zur Bourgeoisie zu entwickeln

ঠিক যেমন পেটি বুর্জোয়ারা সামন্ততান্ত্রিক নিরঙ্কুশতার জোয়ালে বুর্জোয়ায় পরিণত হতে পেরেছিল

Der moderne Arbeiter dagegen sinkt, anstatt sich mit dem Fortschritt der Industrie zu erheben, immer tiefer

পক্ষান্তরে আধুনিক শ্রমিক শিল্পের অগ্রগতির সঙ্গে উত্থানের পরিবর্তে গভীর থেকে গভীরতর নিমজ্জিত হয়

Er sinkt unter die Existenzbedingungen seiner eigenen Klasse

সে তার নিজের শ্রেণীর অস্তিত্বের শর্তের নীচে ডুবে যায়

Er wird ein Bettler, und der Pauperismus entwickelt sich schneller als Bevölkerung und Reichtum

সে নিঃস্ব হয়ে যায় এবং জনসংখ্যা ও সম্পদের চেয়ে দারিদ্র্যের বিকাশ ঘটে

Und hier zeigt sich, dass die Bourgeoisie nicht mehr geeignet ist, die herrschende Klasse in der Gesellschaft zu sein

এবং এখানেই এটা স্পষ্ট হয়ে ওঠে যে, বুর্জোয়ারা আর সমাজের শাসক শ্রেণী হওয়ার অযোগ্য

und sie ist ungeeignet, der Gesellschaft ihre Existenzbedingungen als übergeordnetes Gesetz aufzuzwingen

এবং তার অস্তিত্বের শর্তগুলি সমাজের উপর একটি অশ্বারোহী আইন হিসাবে চাপিয়ে দেওয়া অনুপযুক্ত

Sie ist unfähig zu herrschen, weil sie unfähig ist, ihrem Sklaven in seiner Sklaverei eine Existenz zu sichern

এটি শাসন করার অযোগ্য কারণ এটি তার দাসত্বের মধ্যে তার দাসকে অস্তিত্বের নিশ্চয়তা দিতে অক্ষম

denn sie kann nicht anders, als ihn in einen solchen Zustand sinken zu lassen, daß sie ihn ernähren muss, statt von ihm gefüttert zu werden

কেননা তাহাকে এমন অবস্থায় ডুবিয়া যাইতে দেওয়া যায় না, তাহাকে খাওয়াইবার পরিবর্তে তাহাকে খাওয়াইতে হয়

Die Gesellschaft kann nicht länger unter dieser Bourgeoisie leben

এই বুর্জোয়াদের অধীনে সমাজ আর থাকতে পারে না

Mit anderen Worten, ihre Existenz ist nicht mehr mit der Gesellschaft vereinbar

অন্য কথায়, এর অস্তিত্ব আর সমাজের সাথে সামঞ্জস্যপূর্ণ নয়

Die wesentliche Bedingung für die Existenz und die Herrschaft der Bourgeoisie Klasse ist die Bildung und Vermehrung des Kapitals

বুর্জোয়া শ্রেণীর অস্তিত্ব ও আধিপত্যের জন্য অপরিহার্য শর্ত হচ্ছে পুঁজির গঠন ও বৃদ্ধি

Die Bedingung für das Kapital ist Lohnarbeit

পুঁজির শর্ত মজুরি–শ্রম

Die Lohnarbeit beruht ausschließlich auf der Konkurrenz zwischen den Arbeitern

মজুরি–শ্রম একচেটিয়াভাবে শ্রমিকদের মধ্যে প্রতিযোগিতার উপর নির্ভরশীল

Der Fortschritt der Industrie, deren unfreiwilliger Förderer die Bourgeoisie ist, tritt an die Stelle der Isolierung der Arbeiter

শিল্পের অগ্রগতি, যার অনিচ্ছাকৃত প্রবর্তক বুর্জোয়া, শ্রমিকদের বিচ্ছিন্নতাকে প্রতিস্থাপন করে

durch die Konkurrenz, durch ihre revolutionäre Kombination, durch die Assoziation

প্রতিযোগিতার কারণে, তাদের বৈপ্লবিক সমন্বয়ের কারণে, সমিতির কারণে

Die Entwicklung der modernen Industrie schneidet ihr die Grundlage unter den Füßen weg, auf der die Bourgeoisie Produkte produziert und sich aneignet

আধুনিক শিল্পের বিকাশ তার পায়ের তলা থেকে সেই ভিত্তি কেটে দেয় যার উপর বুর্জোয়ারা পণ্য উৎপাদন করে এবং প্রয়োগ করে

Was die Bourgeoisie vor allem produziert, sind ihre eigenen Totengräber

বুর্জোয়ারা যা উৎপাদন করে, সর্বোপরি তা হলো তার নিজস্ব কবর খননকারী

Der Sturz der Bourgeoisie und der Sieg des Proletariats sind gleichermaßen unvermeidlich

বুর্জোয়াদের পতন এবং সর্বহারা শ্রেণীর বিজয় সমানভাবে অনিবার্য

Proletarier und Kommunisten
সর্বহারা ও কমিউনিস্ট

In welchem Verhältnis stehen die Kommunisten zu den Proletariern insgesamt?

সামগ্রিকভাবে প্রলেতারিয়েতদের সাথে কমিউনিস্টদের কী সম্পর্ক?

Die Kommunisten bilden keine eigene Partei, die anderen Arbeiterparteien entgegengesetzt ist

কমিউনিস্টরা অন্যান্য শ্রমিক শ্রেণীর পার্টির বিরোধিতা করে আলাদা পার্টি গঠন করে না

Sie haben keine Interessen, die von denen des Proletariats als Ganzes getrennt und getrennt sind

সামগ্রিকভাবে প্রলেতারিয়েতের স্বার্থ থেকে তাদের আলাদা ও বিচ্ছিন্ন কোনো স্বার্থ নেই

Sie stellen keine eigenen sektiererischen Prinzipien auf, nach denen sie die proletarische Bewegung formen und formen könnten

তারা তাদের নিজস্ব কোন সাম্প্রদায়িক নীতি প্রতিষ্ঠা করে না, যার দ্বারা সর্বহারা আন্দোলনকে রূপদান ও ঢেলে সাজানো যায়

Die Kommunisten unterscheiden sich von den anderen Arbeiterparteien nur durch zwei Dinge

শ্রমিক শ্রেণির অন্যান্য পার্টি থেকে কমিউনিস্টদের তফাতটা মাত্র দুটো জিনিসের জন্য

Erstens: Sie weisen auf die gemeinsamen Interessen des gesamten Proletariats hin und bringen sie in den Vordergrund, unabhängig von jeder Nationalität

প্রথমত, তারা জাতি–নির্বিশেষে সারা প্রলেতারিয়েতের সাধারণ স্বার্থের দিকে দৃষ্টি আকর্ষণ করে এবং সামনে টেনে আনে

Das tun sie in den nationalen Kämpfen der Proletarier der verschiedenen Länder

বিভিন্ন দেশের মজুরদের জাতীয় সংগ্রামে তারা এটা করে থাকে

Zweitens vertreten sie immer und überall die Interessen der gesamten Bewegung

দ্বিতীয়ত, তারা সর্বদা এবং সর্বত্র সমগ্র আন্দোলনের স্বার্থের প্রতিনিধিত্ব করে

das tun sie in den verschiedenen Entwicklungsstadien, die der Kampf der Arbeiterklasse gegen die Bourgeoisie zu durchlaufen hat

এটা তারা করে থাকে বিকাশের বিভিন্ন পর্যায়ে, যার মধ্য দিয়ে বুর্জোয়াদের বিরুদ্ধে শ্রমিক শ্রেণীর সংগ্রামকে অতিক্রম করতে হয়

Die Kommunisten sind also auf der einen Seite praktisch der fortschrittlichste und entschiedenste Teil der Arbeiterparteien eines jeden Landes

সুতরাং কমিউনিস্টরা একদিকে, কার্যতঃ প্রত্যেক দেশের শ্রমিক শ্রেণীর পার্টিগুলির সবচেয়ে অগ্রসর ও দৃঢ়প্রতিজ্ঞ অংশ

Sie sind der Teil der Arbeiterklasse, der alle anderen vorantreibt

তারা শ্রমিক শ্রেণীর সেই অংশ যা অন্য সকলকে এগিয়ে নিয়ে যায়

Theoretisch haben sie auch den Vorteil, dass sie die Marschlinie klar verstehen

তাত্ত্বিকভাবে, তাদের মার্চের লাইনটি পরিষ্কারভাবে বোঝার সুবিধাও রয়েছে

Das verstehen sie besser im Vergleich zu der großen Masse des Proletariats

এটা তারা প্রলেতারিয়েতের বিশাল জনগোষ্ঠীর তুলনায় ভালো বোঝে

Sie verstehen die Bedingungen und die letzten allgemeinen Ergebnisse der proletarischen Bewegung

তারা সর্বহারা আন্দোলনের শর্ত এবং চূড়ান্ত সাধারণ
ফলাফল বোঝে

Das unmittelbare Ziel des Kommunisten ist dasselbe wie
das aller anderen proletarischen Parteien
কমিউনিস্টের আশু লক্ষ্য হচ্ছে অন্যান্য সকল সর্বহারা
পার্টির মতো একই

Ihr Ziel ist die Formierung des Proletariats zu einer Klasse
তাদের লক্ষ্য প্রলেতারিয়েতকে একটি শ্রেণীতে পরিণত করা

sie zielen darauf ab, die Vorherrschaft der Bourgeoisie zu
stürzen
তাদের লক্ষ্য বুর্জোয়া আধিপত্য উৎখাত করা

das Streben nach politischer Machteroberung durch das
Proletariat
সর্বহারা শ্রেণী কর্তৃক রাজনৈতিক ক্ষমতা দখলের সংগ্রাম

Die theoretischen Schlußfolgerungen der Kommunisten
beruhen in keiner Weise auf Ideen oder Prinzipien der
Reformer
কমিউনিস্টদের তাত্ত্বিক সিদ্ধান্তগুলি কোনওভাবেই
সংস্কারকদের ধারণা বা নীতির উপর ভিত্তি করে নয়

es waren keine Möchtegern-Universalreformer, die die
theoretischen Schlussfolgerungen der Kommunisten
erfunden oder entdeckt haben
কমিউনিস্টদের তাত্ত্বিক সিদ্ধান্তগুলি আবিষ্কার বা আবিষ্কার
করা সর্বজনীন সংস্কারকরা ছিলেন না

Sie drücken lediglich in allgemeinen Begriffen tatsächliche
Verhältnisse aus, die aus einem bestehenden Klassenkampf
hervorgehen
তারা কেবল প্রকাশ করে, সাধারণ ভাষায়, বিদ্যমান শ্রেণী
সংগ্রাম থেকে উদ্ভূত প্রকৃত সম্পর্ক

Und sie beschreiben die historische Bewegung, die sich
unter unseren Augen abspielt und die diesen Klassenkampf
hervorgebracht hat

এবং তারা আমাদের চোখের আড়ালে চলমান ঐতিহাসিক আন্দোলনের বর্ণনা দেয় যা এই শ্রেণী সংগ্রামের সৃষ্টি করেছে

Die Abschaffung bestehender Eigentumsverhältnisse ist keineswegs ein charakteristisches Merkmal des Kommunismus

বিদ্যমান সম্পত্তি সম্পর্কের বিলুপ্তি মোটেই কমিউনিজমের একটি স্বতন্ত্র বৈশিষ্ট্য নয়

Alle Eigentumsverhältnisse in der Vergangenheit waren einem ständigen historischen Wandel unterworfen

অতীতে সমস্ত সম্পত্তি সম্পর্ক ক্রমাগত ঐতিহাসিক পরিবর্তন সাপেক্ষে হয়েছে

Und diese Veränderungen waren eine Folge der Veränderung der historischen Bedingungen

এবং এই পরিবর্তনগুলি ঐতিহাসিক অবস্থার পরিবর্তনের ফলস্বরূপ ছিল

Die Französische Revolution zum Beispiel schaffte das Feudaleigentum zugunsten des Bourgeoisie Eigentums ab

উদাহরণস্বরূপ, ফরাসি বিপ্লব বুর্জোয়া সম্পত্তির পক্ষে সামন্ততান্ত্রিক সম্পত্তি বিলুপ্ত করেছিল

Das Unterscheidungsmerkmal des Kommunismus ist nicht die Abschaffung des Eigentums im Allgemeinen

কমিউনিজমের স্বতন্ত্র বৈশিষ্ট্য সাধারণত সম্পত্তির বিলুপ্তি নয়

aber das Unterscheidungsmerkmal des Kommunismus ist die Abschaffung des Bourgeoisie Eigentums

কিন্তু কমিউনিজমের স্বতন্ত্র বৈশিষ্ট্য হল বুর্জোয়া সম্পত্তির উচ্ছেদ

Aber das Privateigentum der modernen Bourgeoisie ist der letzte und vollständigste Ausdruck des Systems der Produktion und Aneignung von Produkten .

কিন্তু আধুনিক বুর্জোয়া ব্যক্তিগত মালিকানা হচ্ছে পণ্য উৎপাদন ও দখল পদ্ধতির চূড়ান্ত ও সর্বাপেক্ষা পূর্ণাঙ্গ অভিব্যক্তি

Es ist der Endzustand eines Systems, das auf Klassengegensätzen beruht, wobei der Klassenantagonismus die Ausbeutung der Vielen durch die Wenigen ist

এটা হচ্ছে শ্রেণী বিরোধের উপর ভিত্তি করে গড়ে ওঠা ব্যবস্থার চূড়ান্ত অবস্থা, যেখানে শ্রেণী বিরোধিতা হচ্ছে গুটিকয়েক দ্বারা বহুকে শোষণ করা

In diesem Sinne läßt sich die Theorie der Kommunisten in einem einzigen Satz zusammenfassen; die Abschaffung des Privateigentums

এই অর্থে, কমিউনিস্টদের তত্ত্বকে একটি মাত্র বাক্যে সারসংক্ষেপ করা যেতে পারে; ব্যক্তিগত সম্পত্তির বিলুপ্তি

Uns Kommunisten hat man vorgeworfen, das Recht auf persönlichen Eigentumserwerb abschaffen zu wollen

আমরা কমিউনিস্টরা ব্যক্তিগত সম্পত্তি অর্জনের অধিকার বিলুপ্ত করার আকাঙ্ক্ষায় তিরস্কৃত হয়েছি

Es wird behauptet, dass diese Eigenschaft die Frucht der eigenen Arbeit eines Menschen ist

দাবি করা হয়, এই সম্পত্তি মানুষের নিজের শ্রমের ফসল

Und diese Eigenschaft soll die Grundlage aller persönlichen Freiheit, Aktivität und Unabhängigkeit sein.

এবং এই সম্পত্তি সমস্ত ব্যক্তিগত স্বাধীনতা, কার্যকলাপ এবং স্বাধীনতার ভিত্তি বলে অভিযোগ করা হয়।

"Hart erkämpftes, selbst erworbenes, selbst verdientes Eigentum!"

"কষ্টার্জিত, স্ব-অর্জিত, স্ব-অর্জিত সম্পত্তি!"

Meinst du das Eigentum des kleinen Handwerkers und des Kleinbauern?

আপনি কি ক্ষুদ্র কারিগর এবং ক্ষুদ্র কৃষকের সম্পত্তি বোঝাচ্ছেন?

Meinen Sie eine Form des Eigentums, die der Bourgeoisie Form vorausging?

আপনি কি বুর্জোয়া রূপের পূর্ববর্তী সম্পত্তির একটি রূপ
বোঝাতে চাইছেন?

Es ist nicht nötig, sie abzuschaffen, die Entwicklung der
Industrie hat sie zum großen Teil bereits zerstört

এটা বিলুপ্ত করার দরকার নেই, শিল্পের বিকাশ ইতিমধ্যেই
অনেকাংশে ধ্বংস করে দিয়েছে

Und die Entwicklung der Industrie zerstört sie immer noch
täglich

আর শিল্পের বিকাশ এখনও প্রতিদিন তা ধ্বংস করছে

Oder meinen Sie das moderne Bourgeoisie Privateigentum?

নাকি আধুনিক বুর্জোয়াদের ব্যক্তিগত সম্পত্তির কথা
বলছেন?

Aber schafft die Lohnarbeit irgendein Eigentum für den
Arbeiter?

কিন্তু মজুরি–শ্রম কি শ্রমিকের জন্য কোনো মালিকানা সৃষ্টি
করে?

Nein, die Lohnarbeit schafft nicht ein bisschen von dieser
Art von Eigentum!

না, মজুরি শ্রম এই ধরনের সম্পত্তির এক বিন্দুও সৃষ্টি করে
না!

Was Lohnarbeit schafft, ist Kapital; jene Art von Eigentum,
das Lohnarbeit ausbeutet

মজুরি শ্রম যা তৈরি করে তা হ'ল মূলধন; সেই ধরনের
সম্পত্তি যা মজুরি–শ্রমকে শোষণ করে

Das Kapital kann sich nur unter der Bedingung vermehren,
daß es ein neues Angebot an Lohnarbeit für neue
Ausbeutung erzeugt

নতুন শোষণের জন্য মজুরি–শ্রমের নতুন যোগানের জন্ম না
দিলে পুঁজি বাড়তে পারে না

Das Eigentum in seiner jetzigen Form beruht auf dem
Antagonismus von Kapital und Lohnarbeit

সম্পত্তি, তার বর্তমান রূপে, পুঁজি এবং মজুরি–শ্রমের
বিরোধিতার উপর ভিত্তি করে

Betrachten wir beide Seiten dieses Antagonismus
আসুন আমরা এই বিরোধিতার উভয় দিকই পরীক্ষা করি

Kapitalist zu sein bedeutet nicht nur, einen rein persönlichen Status zu haben
পুঁজিবাদী হওয়া মানে শুধু ব্যক্তিগত মর্যাদা থাকা নয়

Stattdessen bedeutet Kapitalist zu sein auch, einen sozialen Status in der Produktion zu haben
বরং পুঁজিবাদী হওয়া মানে উৎপাদনেও সামাজিক মর্যাদা থাকতে হবে

weil Kapital ein kollektives Produkt ist; Nur durch das gemeinsame Handeln vieler Mitglieder kann sie in Gang gesetzt werden
কারণ পুঁজি একটি সমষ্টিগত পণ্য; কেবল অনেক সদস্যের ঐক্যবদ্ধ পদক্ষেপের মাধ্যমেই এটি গতিশীল হতে পারে

Aber dieses gemeinsame Handeln ist der letzte Ausweg und erfordert eigentlich alle Mitglieder der Gesellschaft
কিন্তু এই ঐক্যবদ্ধ পদক্ষেপ একটি শেষ অবলম্বন, এবং প্রকৃতপক্ষে সমাজের সকল সদস্যের প্রয়োজন

Das Kapital verwandelt sich in das Eigentum aller Mitglieder der Gesellschaft
পুঁজি সমাজের সকল সদস্যের সম্পত্তিতে রূপান্তরিত হয়

aber das Kapital ist also keine persönliche Macht; Es ist eine gesellschaftliche Macht
কিন্তু পুঁজি তাই ব্যক্তিগত শক্তি নয়; এটি একটি সামাজিক শক্তি

Wenn also Kapital in gesellschaftliches Eigentum umgewandelt wird, so verwandelt sich dadurch nicht persönliches Eigentum in gesellschaftliches Eigentum
সুতরাং পুঁজি যখন সামাজিক সম্পত্তিতে রূপান্তরিত হয়, তখন ব্যক্তিগত সম্পত্তি এর দ্বারা সামাজিক সম্পত্তিতে রূপান্তরিত হয় না

Nur der gesellschaftliche Charakter des Eigentums wird verändert und verliert seinen Klassencharakter

কেবল সম্পত্তির সামাজিক চরিত্রই পরিবর্তিত হয়, এবং তার শ্রেণী-চরিত্র হারায়।

Betrachten wir nun die Lohnarbeit

এবার মজুরি-শ্রমের দিকে তাকানো যাক

Der Durchschnittspreis der Lohnarbeit ist der Mindestlohn, d.h. das Quantum der Lebensmittel

মজুরি-শ্রমের গড় মূল্য হল ন্যূনতম মজুরি, অর্থাৎ, জীবিকা নির্বাহের উপায়ের পরিমাণ

Dieser Lohn ist für die bloße Existenz als Arbeiter absolut notwendig

শ্রমিক হিসাবে খালি অস্তিত্বের জন্য এই মজুরি একান্ত প্রয়োজন

Was sich also der Lohnarbeiter durch seine Arbeit aneignet, genügt nur, um ein bloßes Dasein zu verlängern und zu reproduzieren

সুতরাং মজুরি-শ্রমিক তার শ্রমের দ্বারা যা ব্যবহার করে, তা কেবল একটি নগ্ন অস্তিত্বকে দীর্ঘায়িত ও পুনরুৎপাদন করার জন্য যথেষ্ট

Wir beabsichtigen keineswegs, diese persönliche Aneignung der Arbeitsprodukte abzuschaffen

আমরা কোনোভাবেই শ্রমজাত দ্রব্যের এই ব্যক্তিগত দখলকে বিলুপ্ত করতে চাই না

eine Aneignung, die für die Erhaltung und Reproduktion des menschlichen Lebens bestimmt ist

একটি বরাদ্দ যা মানব জীবনের রক্ষণাবেক্ষণ এবং প্রজননের জন্য তৈরি করা হয়

Eine solche persönliche Aneignung der Arbeitsprodukte lässt keinen Überschuss übrig, mit dem man die Arbeit anderer befehlen könnte

শ্রমের উৎপাদিত দ্রব্যের এইরূপ ব্যক্তিগত দখল অপরের শ্রমকে আদেশ করিবার জন্য কোন উদ্বৃত্ত অবশিষ্ট রাখে না

Alles, was wir beseitigen wollen, ist der erbärmliche Charakter dieser Aneignung

আমরা যা দূর করতে চাই, তা হল এই দখলদারিত্বের করুণ চরিত্র

die Aneignung, unter der der Arbeiter lebt, bloß um das Kapital zu vermehren

যে দখলের অধীনে শ্রমিক কেবল মূলধন বাড়ানোর জন্য জীবনযাপন করে

Er darf nur leben, soweit es das Interesse der herrschenden Klasse erfordert

শাসক শ্রেণীর স্বার্থ যতটুকু প্রয়োজন ততটুকুই তাকে বাঁচতে দেয়া হয়

In der Bourgeoisie Gesellschaft ist die lebendige Arbeit nur ein Mittel, um die akkumulierte Arbeit zu vermehren

বুর্জোয়া সমাজে জীবিত শ্রম পুঞ্জীভূত শ্রম বৃদ্ধির একটি উপায় মাত্র।

In der kommunistischen Gesellschaft ist die akkumulierte Arbeit nur ein Mittel, um die Existenz des Arbeiters zu erweitern, zu bereichern und zu fördern

কমিউনিস্ট সমাজে পুঞ্জীভূত শ্রম শ্রমিকের অস্তিত্বকে প্রশস্ত করার, সমৃদ্ধ করার, উন্নীত করার উপায় মাত্র

In der Bourgeoisie Gesellschaft dominiert daher die Vergangenheit die Gegenwart

বুর্জোয়া সমাজে তাই অতীত বর্তমানকে প্রাধান্য দেয়

In der kommunistischen Gesellschaft dominiert die Gegenwart die Vergangenheit

কমিউনিস্ট সমাজে অতীতে বর্তমানকে প্রাধান্য দেয়

In der Bourgeoisie Gesellschaft ist das Kapital unabhängig und hat Individualität

বুর্জোয়া সমাজে পুঁজি স্বাধীন এবং তার স্বকীয়তা আছে

In der Bourgeoisie Gesellschaft ist der lebende Mensch abhängig und hat keine Individualität

বুর্জোয়া সমাজে জীবিত ব্যক্তি পরনির্ভরশীল, তার কোনো স্বকীয়তা নেই

Und die Abschaffung dieses Zustandes wird von der Bourgeoisie als Abschaffung der Individualität und Freiheit bezeichnet!

আর এই অবস্থার উচ্ছেদকেই বুর্জোয়ারা বলে, ব্যক্তিস্বাতন্ত্র্য ও স্বাধীনতার উচ্ছেদ!

Und man nennt sie mit Recht die Abschaffung von Individualität und Freiheit!

আর এটাকে যথার্থই বলা হয় ব্যক্তিস্বাতন্ত্র্য ও স্বাধীনতার বিলোপ!

Der Kommunismus strebt die Abschaffung der Bourgeoisie Individualität an

কমিউনিজমের লক্ষ্য বুর্জোয়া ব্যক্তিস্বাতন্ত্র্যের বিলোপ

Der Kommunismus strebt die Abschaffung der Unabhängigkeit der Bourgeoisie an

কমিউনিজম বুর্জোয়া স্বাধীনতার বিলোপ চায়

Die BourgeoisieFreiheit ist zweifellos das, was der Kommunismus anstrebt

বুর্জোয়া স্বাধীনতাই নিঃসন্দেহে কমিউনিজমের লক্ষ্য

unter den gegenwärtigen Bourgeoisie Produktionsbedingungen bedeutet Freiheit freien Handel, freien Verkauf und freien Kauf

উৎপাদনের বর্তমান বুর্জোয়া অবস্থার অধীনে স্বাধীনতা মানে অবাধ বাণিজ্য, অবাধ ক্রয়-বিক্রয়

Aber wenn das Verkaufen und Kaufen verschwindet, verschwindet auch das freie Verkaufen und Kaufen

কিন্তু বেচা-কেনা উধাও হয়ে গেলে বিনামূল্যে কেনা-বেচাও উধাও হয়ে যায়

"Mutige Worte" der Bourgeoisie über den freien Verkauf und Kauf haben nur eine begrenzte Bedeutung

অবাধ ক্রয়-বিক্রয় সম্পর্কে বুর্জোয়াদের "সাহসী কথা" কেবল সীমিত অর্থে অর্থ বহন করে

Diese Worte haben nur im Gegensatz zu eingeschränktem Verkauf und Kauf eine Bedeutung

এই শব্দগুলির কেবল সীমাবদ্ধ বিক্রয় এবং ক্রয়ের বিপরীতে অর্থ রয়েছে

und diese Worte haben nur dann eine Bedeutung, wenn sie auf die gefesselten Händler des Mittelalters angewandt werden

এবং এই শব্দগুলির অর্থ কেবল তখনই হয় যখন মধ্যযুগের বন্ধন ব্যবসায়ীদের ক্ষেত্রে প্রয়োগ করা হয়

und das setzt voraus, dass diese Worte überhaupt eine Bedeutung im Bourgeoisie Sinne haben

এবং এটি ধরে নেয় যে এই শব্দগুলির এমনকি বুর্জোয়া অর্থে অর্থ রয়েছে

aber diese Worte haben keine Bedeutung, wenn sie gebraucht werden, um sich gegen die kommunistische Abschaffung des Kaufens und Verkaufens zu wehren

কিন্তু এই শব্দগুলির কোনও অর্থ নেই যখন তারা ক্রয় এবং বিক্রয়ের কমিউনিস্ট বিলোপের বিরোধিতা করার জন্য ব্যবহৃত হচ্ছে

die Worte haben keine Bedeutung, wenn sie gebraucht werden, um sich gegen die Abschaffung der Bourgeoisie Produktionsbedingungen zu wehren

বুর্জোয়া উৎপাদন শর্ত বিলুপ্ত করার বিরোধিতা করার জন্য যখন শব্দগুলি ব্যবহার করা হচ্ছে তখন তাদের কোনও অর্থ নেই

und sie haben keine Bedeutung, wenn sie benutzt werden, um sich gegen die Abschaffung der Bourgeoisie selbst zu wehren

এবং বুর্জোয়াদের বিলুপ্তির বিরোধিতা করার জন্য যখন তাদের ব্যবহার করা হচ্ছে তখন তাদের কোনও অর্থ নেই

Sie sind entsetzt über unsere Absicht, das Privateigentum abzuschaffen

আমাদের ব্যক্তিগত সম্পত্তি উচ্ছেদ করার অভিপ্রায় দেখে আপনি আতঙ্কিত

Aber in eurer jetzigen Gesellschaft ist das Privateigentum für neun Zehntel der Bevölkerung bereits abgeschafft

কিন্তু আপনার বিদ্যমান সমাজে ইতিমধ্যেই জনসংখ্যার নয়– দশমাংশের জন্য ব্যক্তিগত সম্পত্তি বিলুপ্ত হয়ে গেছে

Die Existenz des Privateigentums für einige wenige beruht einzig und allein darauf, dass es in den Händen von neun Zehnteln der Bevölkerung nicht existiert

মুষ্টিমেয় লোকের কাছে ব্যক্তিগত সম্পত্তির অস্তিত্ব একমাত্র জনসংখ্যার নয়–দশমাংশের হাতে তার অস্তিত্বহীনতার কারণে

Sie werfen uns also vor, daß wir eine Form des Eigentums abschaffen wollen

অতএব তোমরা আমাদিগকে ভর্ৎসনা করিতেছ যে, সম্পত্তি বিলুপ্ত করিবার অভিপ্রায়ে

Aber das Privateigentum erfordert für die ungeheure Mehrheit der Gesellschaft die Nichtexistenz jeglichen Eigentums

কিন্তু ব্যক্তিগত সম্পত্তি সমাজের বিপুল সংখ্যাগরিষ্ঠের জন্য কোনও সম্পত্তির অস্তিত্বহীনতার প্রয়োজন হয়

Mit einem Wort, Sie werfen uns vor, daß wir Ihr Eigentum beseitigen wollen

এক কথায়, আপনি আপনার সম্পত্তি ধ্বংস করার উদ্দেশ্যে আমাদের তিরস্কার করছেন

Und genau so ist es; Ihr Eigentum abzuschaffen, ist genau das, was wir beabsichtigen

এবং এটা ঠিক তাই; আপনার সম্পত্তি বিলুপ্ত করা আমাদের উদ্দেশ্য

Von dem Augenblick an, wo die Arbeit nicht mehr in Kapital, Geld oder Rente verwandelt werden kann

সেই মুহূর্ত থেকে যখন শ্রমকে আর পুঁজি, অর্থ বা খাজনায় রূপান্তর করা যায় না

wenn die Arbeit nicht mehr in eine gesellschaftliche Macht umgewandelt werden kann, die monopolisiert werden kann

যখন শ্রমকে আর একচেটিয়া মালিকানায় সক্ষম সামাজিক শক্তিতে রূপান্তরিত করা যাবে না

von dem Augenblick an, wo das individuelle Eigentum nicht mehr in Bourgeoisie Eigentum verwandelt werden kann

সেই মুহূর্ত থেকে যখন ব্যক্তিগত সম্পত্তি আর বুর্জোয়া সম্পত্তিতে রূপান্তরিত হতে পারে না

von dem Augenblick an, wo das individuelle Eigentum nicht mehr in Kapital verwandelt werden kann

সেই মুহূর্ত থেকে যখন ব্যক্তিগত সম্পত্তি আর মূলধনে রূপান্তরিত হতে পারে না

Von diesem Moment an sagst du, dass die Individualität verschwindet

সেই মুহূর্ত থেকে আপনি বলছেন ব্যক্তিস্বাতন্ত্র্য বিলুপ্ত হয়ে যায়

Sie müssen also gestehen, daß Sie mit »Individuum« keine andere Person meinen als die Bourgeoisie

সুতরাং আপনাকে স্বীকার করতেই হবে যে 'ব্যক্তি' বলতে বুর্জোয়া ছাড়া অন্য লোক বোঝায় না

Sie müssen zugeben, dass es sich speziell auf den Bourgeoisie Eigentümer von Immobilien bezieht

আপনাকে অবশ্যই স্বীকার করতে হবে যে এটি বিশেষভাবে সম্পত্তির মধ্যবিত্ত মালিককে বোঝায়

Diese Person muss in der Tat aus dem Weg geräumt und unmöglich gemacht werden

এই ব্যক্তিকে অবশ্যই পথ থেকে সরিয়ে দিতে হবে এবং অসম্ভব করে তুলতে হবে

Der Kommunismus beraubt niemanden der Macht, sich die Produkte der Gesellschaft anzueignen

কমিউনিজম কোনো মানুষকে সমাজের উৎপাদিত পণ্যকে আত্মসাৎ করার ক্ষমতা থেকে বঞ্চিত করে না

Alles, was der Kommunismus tut, ist, ihm die Macht zu nehmen, die Arbeit anderer durch eine solche Aneignung zu unterjochen

কমিউনিজম যা করে তা হল তাকে এই ধরনের দখলের মাধ্যমে অন্যের শ্রমকে বশীভূত করার ক্ষমতা থেকে বঞ্চিত করা

Man hat eingewendet, daß mit der Abschaffung des Privateigentums alle Arbeit aufhören werde

আপত্তি করা হয়েছে যে ব্যক্তিগত সম্পত্তির উচ্ছেদ হলে সমস্ত কাজ বন্ধ হয়ে যাবে

Und dann wird suggeriert, dass uns die universelle Faulheit überwältigen wird

এবং তখন পরামর্শ দেওয়া হয় যে সর্বজনীন আলস্য আমাদের অভিভূত করবে

Demnach hätte die BourgeoisieGesellschaft schon längst vor lauter Müßiggang vor die Hunde gehen müssen

এই মতে, বুর্জোয়া সমাজের অনেক আগেই নিছক অলসতার মাধ্যমে কুকুরের কাছে যাওয়া উচিত ছিল

denn diejenigen ihrer Mitglieder, die arbeiten, erwerben nichts

কারণ এর সদস্যদের মধ্যে যারা কাজ করে, তারা কিছুই অর্জন করে না

und diejenigen von ihren Mitgliedern, die etwas erwerben, arbeiten nicht

আর তার সদস্যদের মধ্যে যারা কিছু অর্জন করে, তারা কাজ করে না

Der ganze Einwand ist nur ein weiterer Ausdruck der Tautologie

এই আপত্তির পুরোটাই টাউটোলজির আরেকটা প্রকাশ মাত্র

Es kann keine Lohnarbeit mehr geben, wenn es kein Kapital mehr gibt

পুঁজি না থাকলে মজুরি–শ্রম আর থাকতে পারে না

Es gibt keinen Unterschied zwischen materiellen und mentalen Produkten

উপাদান পণ্য এবং মানসিক পণ্য মধ্যে কোন পার্থক্য নেই

Der Kommunismus schlägt vor, dass beides auf die gleiche Weise produziert wird

কমিউনিজম প্রস্তাব এই উভয় একই ভাবে উত্পাদিত হয়

aber die Einwände gegen die kommunistischen Produktionsweisen sind dieselben

কিন্তু এগুলো উৎপাদনের কমিউনিস্ট পদ্ধতির বিরুদ্ধে আপত্তি একই

Für die Bourgeoisie ist das Verschwinden des Klasseneigentums das Verschwinden der Produktion selbst

বুর্জোয়াদের কাছে শ্রেণী সম্পত্তির লোপ মানে উৎপাদনের অন্তর্ধান

So ist für ihn das Verschwinden der Klassenkultur identisch mit dem Verschwinden aller Kultur

সুতরাং শ্রেণী সংস্কৃতির বিলুপ্তি তার কাছে সকল সংস্কৃতির বিলুপ্তির সমতুল্য

Diese Kultur, deren Verlust er beklagt, ist für die überwiegende Mehrheit ein bloßes Training, um als Maschine zu agieren

সেই সংস্কৃতি, যার ক্ষতি নিয়ে তিনি দুঃখ প্রকাশ করেন, বিপুল সংখ্যাগরিষ্ঠের কাছে এটি একটি যন্ত্রের মতো কাজ করার নিছক প্রশিক্ষণ

Die Kommunisten haben die Absicht, die Kultur des Bourgeoisie Eigentums abzuschaffen

কমিউনিস্টরা বুর্জোয়া সম্পত্তির সংস্কৃতি বিলুপ্ত করতে চায়

Aber zankt euch nicht mit uns, solange ihr den Maßstab eurer Bourgeoisie Vorstellungen von Freiheit, Kultur, Recht usw. anlegt

কিন্তু আমাদের সাথে তর্ক করবেন না যতক্ষণ পর্যন্ত আপনি স্বাধীনতা, সংস্কৃতি, আইন ইত্যাদি সম্পর্কে আপনার বুর্জোয়া ধারণার মানদণ্ড প্রয়োগ করবেন না

Eure Ideen selbst sind nur die Auswüchse der Bedingungen
eurer Bourgeoisie Produktion und eures Bourgeoisie
Eigentums

আপনার ধারণাই আপনার বুর্জোয়া উৎপাদন ও বুর্জোয়া
সম্পত্তির অবস্থার বহিঃপ্রকাশ ছাড়া

so wie eure Jurisprudenz nichts anderes ist als der Wille
eurer Klasse, der zum Gesetz für alle gemacht wurde

ঠিক যেমন আপনার আইনশাস্ত্র আপনার শ্রেণীর ইচ্ছা
সকলের জন্য একটি আইনে পরিণত হয়েছে

Der wesentliche Charakter und die Richtung dieses Willens
werden durch die ökonomischen Bedingungen bestimmt,
die Ihre soziale Klasse schafft

এই ইচ্ছার অপরিহার্য চরিত্র এবং দিকটি আপনার সামাজিক
শ্রেণি তৈরি করা অর্থনৈতিক অবস্থার দ্বারা নির্ধারিত হয়

Der selbstsüchtige Irrtum, der dich veranlaßt, soziale
Formen in ewige Gesetze der Natur und der Vernunft zu
verwandeln

স্বার্থপর ভ্রান্ত ধারণা যা আপনাকে সামাজিক রূপকে প্রকৃতি
ও যুক্তির চিরন্তন নিয়মে রূপান্তরিত করতে প্ররোচিত করে

die gesellschaftlichen Formen, die aus eurer gegenwärtigen
Produktionsweise und Eigentumsform entspringen

আপনার বর্তমান উৎপাদন পদ্ধতি এবং সম্পত্তির রূপ থেকে
উদ্ভূত সামাজিক রূপগুলি

historische Beziehungen, die im Fortschritt der Produktion
auf- und verschwinden

ঐতিহাসিক সম্পর্ক যা উৎপাদনের অগ্রগতিতে উত্থান এবং
অদৃশ্য হয়ে যায়

Dieses Missverständnis teilt ihr mit jeder herrschenden
Klasse, die euch vorausgegangen ist

এই ভুল ধারণাটি আপনি আপনার পূর্ববর্তী প্রতিটি শাসক
শ্রেণীর সাথে ভাগ করে নেন

Was Sie bei antikem Eigentum klar sehen, was Sie bei
feudalem Eigentum zugeben

প্রাচীন সম্পত্তির ক্ষেত্রে আপনি যা স্পষ্ট দেখতে পান, সামন্ততান্ত্রিক সম্পত্তির ক্ষেত্রে আপনি যা স্বীকার করেন

diese Dinge dürfen Sie natürlich nicht zugeben, wenn es sich um Ihre eigene BourgeoisieEigentumsform handelt

আপনার নিজের বুর্জোয়া সম্পত্তির ক্ষেত্রে এই জিনিসগুলি অবশ্যই স্বীকার করতে নিষেধ করা হয়েছে

Abschaffung der Familie! Selbst die Radikalsten entrüsten sich über diesen infamen Vorschlag der Kommunisten

সংসার বিলুপ্তি! এমনকি কমিউনিস্টদের এই কুখ্যাত প্রস্তাবে সবচেয়ে মৌলবাদী জ্বলে ওঠে

Auf welcher Grundlage beruht die heutige Familie, die BourgeoisieFamilie?

বর্তমান পরিবার, বুর্জোয়া পরিবার কোন্ ভিত্তির উপর প্রতিষ্ঠিত?

Die Gründung der heutigen Familie beruht auf Kapital und privatem Gewinn

বর্তমান পরিবারের ভিত্তি মূলধন এবং ব্যক্তিগত লাভের উপর ভিত্তি করে

In ihrer voll entwickelten Form existiert diese Familie nur unter der Bourgeoisie

সম্পূর্ণ বিকশিত রূপে এই পরিবার কেবল বুর্জোয়াদের মধ্যেই টিকে আছে

Dieser Zustand der Dinge findet seine Ergänzung in der praktischen Abwesenheit der Familie bei den Proletariern

প্রলেতারিয়েতদের মধ্যে পরিবারের ব্যবহারিক অনুপস্থিতিতে এই অবস্থা তার পরিপূরক খুঁজে পায়

Dieser Zustand ist in der öffentlichen Prostitution zu finden

প্রকাশ্য পতিতাবৃত্তিতে এই অবস্থা দেখা যায়

Die BourgeoisieFamilie wird wie selbstverständlich verschwinden, wenn ihr Komplement verschwindet

বুর্জোয়া পরিবার বিলুপ্ত হয়ে যাবে যখন তার পরিপূরক বিলুপ্ত হবে

Und beides wird mit dem Verschwinden des Kapitals
verschwinden

আর এই দুটোই পুঁজির বিলুপ্তির সাথে সাথে বিলুপ্ত হয়ে
যাবে

Werfen Sie uns vor, dass wir die Ausbeutung von Kindern
durch ihre Eltern stoppen wollen?

পিতামাতার দ্বারা শিশুদের শোষণ বন্ধ করতে চাওয়ার
জন্য আপনি কি আমাদের অভিযুক্ত করেন?

Diesem Verbrechen bekennen wir uns schuldig

এই অপরাধের জন্য আমরা দোষী সাব্যস্ত

Aber, werden Sie sagen, wir zerstören die heiligsten
Beziehungen, wenn wir die häusliche Erziehung durch die
soziale Erziehung ersetzen

কিন্তু আপনারা বলবেন, আমরা সবচেয়ে পবিত্রতম
সম্পর্ককে ধ্বংস করি যখন আমরা পারিবারিক শিক্ষাকে
সামাজিক শিক্ষা দ্বারা প্রতিস্থাপিত করি

Ist Ihre Erziehung nicht auch sozial? Und wird sie nicht von
den gesellschaftlichen Bedingungen bestimmt, unter denen
man erzieht?

আপনার শিক্ষাও কি সামাজিক নয়? আর এটা কি সেই
সামাজিক অবস্থার দ্বারা নির্ধারিত হয় না, যার অধীনে
আপনি শিক্ষিত হন?

durch direkte oder indirekte Eingriffe in die Gesellschaft,
durch Schulen usw.

সমাজের প্রত্যক্ষ বা পরোক্ষ হস্তক্ষেপের মাধ্যমে, বিদ্যালয়
ইত্যাদির মাধ্যমে।

Die Kommunisten haben die Einmischung der Gesellschaft
in die Erziehung nicht erfunden

শিক্ষায় সমাজের হস্তক্ষেপ কমিউনিস্টরা আবিষ্কার করেনি

Sie versuchen lediglich, den Charakter dieses Eingriffs zu
ändern

তারা কেবল সেই হস্তক্ষেপের চরিত্র পরিবর্তন করতে চায়

Und sie versuchen, das Bildungswesen vor dem Einfluss der herrschenden Klasse zu retten

এবং তারা শাসক শ্রেণীর প্রভাব থেকে শিক্ষাকে উদ্ধার করতে চায়

Die Bourgeoisie spricht von der geheiligten Beziehung von Eltern und Kind

বুর্জোয়ারা পিতা-মাতা ও সন্তানের পবিত্র সহাবস্থানের কথা বলে

aber dieses Geschwätz über die Familie und die Erziehung wird um so widerwärtiger, wenn wir die moderne Industrie betrachten

কিন্তু পরিবার ও শিক্ষা নিয়ে এই হাততালির ফাঁদ আরও ঘৃণ্য হয়ে ওঠে যখন আমরা আধুনিক শিল্পের দিকে তাকাই

Alle Familienbande unter den Proletariern werden durch die moderne Industrie zerrissen

প্রলেতারিয়েতদের মধ্যে সমস্ত পারিবারিক বন্ধন আধুনিক শিল্পের দ্বারা ছিন্নভিন্ন হয়ে গেছে

ihre Kinder werden zu einfachen Handelsartikeln und Arbeitsinstrumenten

তাদের সন্তানরা সাধারণ বাণিজ্য ও শ্রমের উপকরণে রূপান্তরিত হয়

Aber ihr Kommunisten würdet eine Gemeinschaft von Frauen schaffen, schreit die ganze Bourgeoisie im Chor

কিন্তু তোমরা কমিউনিস্টরা মেয়েদের একটা সমাজ তৈরি করবে, গোটা বুর্জোয়ারা কোরাস বলে চিৎকার করে উঠবে

Die Bourgeoisie sieht in seiner Frau ein bloßes Produktionsinstrument

বুর্জোয়ারা তার স্ত্রীর মধ্যে উৎপাদনের নিছক হাতিয়ার দেখতে পায়

Er hört, dass die Produktionsmittel von allen ausgebeutet werden sollen

তিনি শুনেছেন, উৎপাদনের হাতিয়ারগুলো সকলকে কাজে লাগাতে হবে

Und natürlich kann er zu keinem anderen Schluß kommen,
als daß das Los, allen gemeinsam zu sein, auch den Frauen
zufallen wird

এবং, স্বাভাবিকভাবেই, তিনি অন্য কোনও সিদ্ধান্তে আসতে
পারেন না যে সকলের কাছে সাধারণ হওয়ার ভাগ্য
একইভাবে মহিলাদের উপর পড়বে

Er hat nicht einmal den geringsten Verdacht, dass es in
Wirklichkeit darum geht, die Stellung der Frau als bloße
Produktionsinstrumente abzuschaffen

নারীকে নিছক উৎপাদনের হাতিয়ার হিসেবে মর্যাদা বিলুপ্ত
করাই যে আসল কথা সে বিষয়ে তার বিন্দুমাত্র সন্দেহ
নেই

Im übrigen ist nichts lächerlicher als die tugendhafte
Empörung unserer Bourgeoisie über die Gemeinschaft der
Frauen

বাকিদের জন্য, নারী সমাজের উপর আমাদের বুর্জোয়াদের
পুণ্যময় ক্রোধের চেয়ে হাস্যকর আর কিছু নেই

sie tun so, als ob sie von den Kommunisten offen und
offiziell eingeführt werden sollte

তারা ভান করে যে এটি কমিউনিস্টদের দ্বারা প্রকাশ্যে এবং
আনুষ্ঠানিকভাবে প্রতিষ্ঠিত

Die Kommunisten haben es nicht nötig, die Gemeinschaft
der Frauen einzuführen, sie existiert fast seit undenklichen
Zeiten

কমিউনিস্টদের নারী সমাজ চালু করার কোন প্রয়োজন
নেই, এটা প্রায় অনাদিকাল থেকেই বিদ্যমান ছিল

Unsere Bourgeoisie begnügt sich nicht damit, die Frauen
und Töchter ihrer Proletarier zur Verfügung zu haben

আমাদের বুর্জোয়ারা তাদের প্রলেতারিয়েতদের স্ত্রী ও
কন্যাদের হাতে পেয়ে সন্তুষ্ট নয়

Sie haben das größte Vergnügen daran, ihre Frauen
gegenseitig zu verführen

তারা একে অপরের স্ত্রীদের প্রলুব্ধ করে সবচেয়ে বেশি আনন্দ পায়

Und das ist noch nicht einmal von gewöhnlichen Prostituierten zu sprechen

আর সেটা সাধারণ পতিতাদের কথাও বলার অপেক্ষা রাখে না

Die BourgeoisieEhe ist in Wirklichkeit ein System gemeinsamer Ehefrauen

বুর্জোয়া বিবাহ প্রকৃতপক্ষে স্ত্রীদের একটি সাধারণ ব্যবস্থা

dann gibt es eine Sache, die man den Kommunisten vielleicht vorwerfen könnte

তাহলে একটা জিনিস নিয়ে কমিউনিস্টদের তিরস্কার করা যেতে পারে

Sie wollen eine offen legalisierte Gemeinschaft von Frauen einführen

তারা মহিলাদের একটি প্রকাশ্যে বৈধ সম্প্রদায় প্রবর্তন করতে চায়

statt einer heuchlerisch verhüllten Gemeinschaft von Frauen

বরং কপট লুকিয়ে থাকা নারীর সম্প্রদায়

Die Gemeinschaft der Frauen, die aus dem Produktionssystem hervorgegangen ist

উৎপাদন ব্যবস্থা থেকে উদ্ভূত নারী সমাজ

Schafft das Produktionssystem ab, und ihr schafft die Gemeinschaft der Frauen ab

উৎপাদন ব্যবস্থার বিলুপ্তি দাও, নারী সমাজকে উচ্ছেদ কর

Sowohl die öffentliche Prostitution als auch die private Prostitution wird abgeschafft

উভয় পাবলিক পতিতাবৃত্তি বিলুপ্ত করা হয়, এবং ব্যক্তিগত পতিতাবৃত্তি

Den Kommunisten wird noch dazu vorgeworfen, sie wollten Länder und Nationalitäten abschaffen

কমিউনিস্টরা দেশ ও জাতীয়তা বিলুপ্ত করার আকাঙ্ক্ষায় আরও বেশি তিরস্কৃত হয়

Die Arbeiter haben kein Vaterland, also können wir ihnen nicht nehmen, was sie nicht haben

শ্রমজীবী মানুষের কোনো দেশ নেই, তাই তারা যা পায়নি তা আমরা তাদের কাছ থেকে কেড়ে নিতে পারি না

Das Proletariat muss vor allem die politische Herrschaft erlangen

সর্বহারা শ্রেণীকে সর্বপ্রথম রাজনৈতিক আধিপত্য অর্জন করতে হবে

Das Proletariat muss sich zur führenden Klasse der Nation erheben

সর্বহারা শ্রেণীকে জাতির নেতৃত্বদানকারী শ্রেণী হিসেবে গড়ে উঠতে হবে

Das Proletariat muss sich zur Nation konstituieren

সর্বহারা শ্রেণীকে অবশ্যই জাতি গঠন করতে হবে

sie ist bis jetzt selbst national, wenn auch nicht im Bourgeoisie Sinne des Wortes

বুর্জোয়া অর্থে না হলেও এটি এখন পর্যন্ত জাতীয়তাবাদী

Nationale Unterschiede und Gegensätze zwischen den Völkern verschwinden täglich mehr und mehr

মানুষে মানুষে মানুষে জাতীয় পার্থক্য ও বৈরিতা দিন দিন বিলুপ্ত হয়ে যাচ্ছে

der Entwicklung der Bourgeoisie, der Freiheit des Handels, des Weltmarktes

বুর্জোয়াদের বিকাশের কারণে, বাণিজ্যের স্বাধীনতার কারণে, বিশ্ববাজারের স্বাধীনতার কারণে

zur Gleichförmigkeit der Produktionsweise und der ihr entsprechenden Lebensbedingungen

উৎপাদন পদ্ধতি এবং তার সাথে সংশ্লিষ্ট জীবনের অবস্থার মধ্যে অভিন্নতা

Die Herrschaft des Proletariats wird sie noch schneller verschwinden lassen

প্রলেতারিয়েতের আধিপত্য তাদের আরও দ্রুত বিলুপ্ত করে তুলবে

Die einheitliche Aktion, wenigstens der führenden zivilisierten Länder, ist eine der ersten Bedingungen für die Befreiung des Proletariats

অন্ততঃ নেতৃস্থানীয় সভ্য দেশগুলির ঐক্যবদ্ধ পদক্ষেপ সর্বহারা শ্রেণীর মুক্তির প্রথম শর্তগুলির মধ্যে একটি

In dem Maße, wie der Ausbeutung eines Individuums durch ein anderes ein Ende gesetzt wird, wird auch der Ausbeutung einer Nation durch eine andere ein Ende gesetzt.

ব্যক্তির উপর ব্যক্তির শোষণ যে অনুপাতে শেষ করা হবে, এক জাতির উপর অন্য জাতির শোষণও সেই অনুপাতে শেষ করা হবে

In dem Maße, wie der Antagonismus zwischen den Klassen innerhalb der Nation verschwindet, wird die Feindschaft einer Nation gegen die andere ein Ende haben

জাতির অভ্যন্তরে শ্রেণীসমূহের মধ্যকার বৈরিতা যে অনুপাতে বিলুপ্ত হবে, এক জাতির সাথে অন্য জাতির বৈরিতার অবসান ঘটবে

Die Anschuldigungen gegen den Kommunismus, die von einem religiösen, philosophischen und allgemein von einem ideologischen Standpunkt aus erhoben werden, verdienen keine ernsthafte Prüfung

ধর্মীয়, দার্শনিক এবং সাধারণভাবে মতাদর্শগত দৃষ্টিকোণ থেকে কমিউনিজমের বিরুদ্ধে যে অভিযোগ আনা হয়েছে, তা গুরুতর পরীক্ষার দাবি রাখে না

Braucht es eine tiefe Intuition, um zu begreifen, dass sich die Ideen, Ansichten und Vorstellungen des Menschen mit jeder Veränderung der Bedingungen seiner materiellen Existenz ändern?

বস্তুগত অস্তিত্বের প্রতিটি পরিবর্তনের সাথে সাথে মানুষের চিন্তাধারা, দৃষ্টিভঙ্গি ও ধ্যান-ধারণা যে পরিবর্তিত হয়, তা বোঝার জন্য কি গভীর অন্তর্দৃষ্টির প্রয়োজন আছে?

Ist es nicht offensichtlich, dass das Bewusstsein des Menschen sich Verändert, wenn seine sozialen Beziehungen und sein soziales Leben ändern?

এটা কি স্পষ্ট নয় যে, মানুষের চেতনার পরিবর্তন ঘটে যখন তার সামাজিক সম্পর্ক ও সামাজিক জীবন পরিবর্তিত হয়?

Was beweist die Ideengeschichte anderes, als daß die geistige Produktion ihren Charakter in dem Maße ändert, wie die materielle Produktion verändert wird?

বস্তুগত উৎপাদনের পরিবর্তনের সাথে সাথে বুদ্ধিবৃত্তিক উৎপাদন যে অনুপাতে তার চরিত্র পরিবর্তন করে, এ ছাড়া ধারণার ইতিহাস আর কী প্রমাণ করে?

Die herrschenden Ideen eines jeden Zeitalters waren immer die Ideen seiner herrschenden Klasse

প্রত্যেক যুগের শাসক শ্রেণীর ধারণা চিরকালই তার শাসক শ্রেণীর ধারণা ছিল

Wenn Menschen von Ideen sprechen, die die Gesellschaft revolutionieren, drücken sie nur eine Tatsache aus

মানুষ যখন এমন ধারণার কথা বলে যা সমাজে বিপ্লব ঘটায়, তখন তারা কেবল একটি সত্য প্রকাশ করে

Innerhalb der alten Gesellschaft wurden die Elemente einer neuen geschaffen

পুরাতন সমাজের মধ্যে নতুনের উপাদান সৃষ্টি হয়েছে

und daß die Auflösung der alten Ideen mit der Auflösung der alten Daseinsverhältnisse Schritt hält

এবং অস্তিত্বের পুরাতন অবস্থার বিলুপ্তির সাথে সাথে পুরাতন ধারণার বিলুপ্তি সমান তাল মিলিয়ে চলতে থাকে

Als die Antike in den letzten Zügen lag, wurden die alten Religionen vom Christentum überwunden

প্রাচীন বিশ্ব যখন তার শেষ প্রান্তে ছিল, তখন প্রাচীন ধর্মগুলি খ্রিস্টধর্মের দ্বারা পরাজিত হয়েছিল

Als die christlichen Ideen im 18. Jahrhundert den rationalistischen Ideen erlagen, kämpfte die feudale

Gesellschaft ihren Todeskampf mit der damals revolutionären Bourgeoisie

অষ্টাদশ শতাব্দীতে খ্রিষ্টান চিন্তাধারা যখন যুক্তিবাদী ধারণার কাছে আত্মসমর্পণ করে, তখন সামন্ততান্ত্রিক সমাজ তৎকালীন বিপ্লবী বুর্জোয়াদের সঙ্গে মরণপণ যুদ্ধে লিপ্ত হয়

Die Ideen der Religions- und Gewissensfreiheit brachten lediglich die Herrschaft des freien Wettbewerbs auf dem Gebiet des Wissens zum Ausdruck

ধর্মীয় স্বাধীনতা এবং বিবেকের স্বাধীনতার ধারণাগুলি কেবল জ্ঞানের ডোমেনের মধ্যে অবাধ প্রতিযোগিতার আধিপত্যকে প্রকাশ করেছিল

"Zweifellos", wird man sagen, "sind religiöse, moralische, philosophische und juristische Ideen im Laufe der geschichtlichen Entwicklung modifiziert worden"

বলা হবে, 'নিঃসন্দেহে ঐতিহাসিক বিকাশের ধারায় ধর্মীয়, নৈতিক, দার্শনিক ও আইনশাস্ত্রের ধারণাসমূহে সংশোধিত হয়েছে।

"Aber Religion, Moralphilosophie, Politikwissenschaft und Recht überlebten diesen Wandel ständig."

কিন্তু ধর্ম, নৈতিকতা, দর্শন, রাষ্ট্রবিজ্ঞান ও আইন এই পরিবর্তনকে প্রতিনিয়ত টিকিয়ে রেখেছে।

"Es gibt auch ewige Wahrheiten, wie Freiheit, Gerechtigkeit usw."

"স্বাধীনতা, ন্যায়বিচার ইত্যাদির মতো চিরন্তন সত্যও রয়েছে"

"Diese ewigen Wahrheiten sind allen Zuständen der Gesellschaft gemeinsam"

"এই চিরন্তন সত্যগুলি সমাজের সমস্ত অবস্থার জন্য সাধারণ"

"Aber der Kommunismus schafft die ewigen Wahrheiten ab, er schafft alle Religion und alle Moral ab."

কিন্তু কমিউনিজম চিরন্তন সত্যকেই উড়িয়ে দেয়, ধর্ম ও নৈতিকতারই উচ্ছেদ করে।

"Sie tut dies, anstatt sie auf einer neuen Grundlage zu konstituieren"

"এটি একটি নতুন ভিত্তিতে তাদের গঠন করার পরিবর্তে এটি করে"

"Sie handelt daher im Widerspruch zu allen bisherigen historischen Erfahrungen"

"সুতরাং এটি অতীতের সমস্ত ঐতিহাসিক অভিজ্ঞতার সাথে সাংঘর্ষিক।

Worauf reduziert sich dieser Vorwurf?

এই অভিযোগ কিসের ভিত্তিতে?

Die Geschichte aller vergangenen Gesellschaften hat in der Entwicklung von Klassengegensätzen bestanden

অতীতের সকল সমাজের ইতিহাস শ্রেণী বিরোধের বিকাশের মধ্যে নিহিত

Antagonismen, die in verschiedenen Epochen unterschiedliche Formen annahmen

বিরোধিতা যা বিভিন্ন যুগে বিভিন্ন রূপ ধারণ করেছিল

Aber welche Form sie auch immer angenommen haben mögen, eine Tatsache ist allen vergangenen Zeitaltern gemeinsam

কিন্তু তারা যে রূপই ধারণ করুক না কেন, একটি সত্য অতীত যুগে সাধারণ

die Ausbeutung eines Teils der Gesellschaft durch den anderen

সমাজের এক অংশকে অন্য অংশের শোষণ

Kein Wunder also, dass sich das gesellschaftliche Bewußtsein vergangener Zeiten innerhalb gewisser allgemeiner Formen oder allgemeiner Vorstellungen bewegt

সুতরাং আশ্চর্যের কিছু নেই যে, অতীত যুগের সামাজিক চেতনা কিছু সাধারণ রূপ বা সাধারণ ধারণার মধ্যে চলে

(und das trotz aller Vielfalt und Vielfalt, die es zeigt)

(এবং এটি সমস্ত বহুবিধতা এবং বৈচিত্র্য সত্ত্বেও)

Und diese können nur mit dem gänzlichen Verschwinden der Klassengegensätze völlig verschwinden

এবং শ্রেণী বিরোধের সম্পূর্ণ বিলুপ্তি ছাড়া এগুলি সম্পূর্ণরূপে বিলুপ্ত হতে পারে না

Die kommunistische Revolution ist der radikalste Bruch mit den traditionellen Eigentumsverhältnissen

কমিউনিস্ট বিপ্লব হল ঐতিহ্যগত সম্পত্তি সম্পর্কের সাথে সবচেয়ে মৌলিক ফাটল

Kein Wunder, dass ihre Entwicklung den radikalsten Bruch mit den traditionellen Vorstellungen mit sich bringt

এতে অবাক হওয়ার কিছু নেই যে এর বিকাশে ঐতিহ্যবাহী ধারণাগুলির সাথে সবচেয়ে মৌলিক ফাটল জড়িত

Aber lassen wir die Einwände der Bourgeoisie gegen den Kommunismus hinter uns

কিন্তু কমিউনিজমের প্রতি বুর্জোয়াদের আপত্তি নিয়ে আমরা কাজ করি

Wir haben oben den ersten Schritt der Arbeiterklasse in der Revolution gesehen

শ্রমিক শ্রেণীর বিপ্লবের প্রথম ধাপ আমরা উপরে দেখেছি

Das Proletariat muss zur Herrschaft erhoben werden, um den Kampf der Demokratie zu gewinnen

গণতন্ত্রের লড়াইয়ে জয়ী হতে হলে সর্বহারা শ্রেণীকে শাসকের আসনে বসাতে হবে

Das Proletariat wird seine politische Vorherrschaft benutzen, um der Bourgeoisie nach und nach alles Kapital zu entreißen

প্রলেতারিয়েত তার রাজনৈতিক আধিপত্যকে ব্যবহার করে বুর্জোয়াদের কাছ থেকে সমস্ত পুঁজি ছিনিয়ে নেবে

sie wird alle Produktionsmittel in den Händen des Staates zentralisieren

উৎপাদনের যাবতীয় উপকরণকে রাষ্ট্রের হাতে কেন্দ্রীভূত করবে

Mit anderen Worten, das Proletariat organisierte sich als herrschende Klasse

অন্য কথায়, সর্বহারা শ্রেণী শাসক শ্রেণী হিসাবে সংগঠিত হয়েছিল

Und sie wird die Summe der Produktivkräfte so schnell wie möglich vermehren

এবং তা যত দ্রুত সম্ভব উৎপাদিকা শক্তির মোট বৃদ্ধি ঘটাবে

Natürlich kann dies anfangs nur durch despotische Eingriffe in die Eigentumsrechte geschehen

অবশ্য শুরুতেই সম্পত্তির অধিকারের ওপর স্বৈরাচারী হস্তক্ষেপ ছাড়া তা কার্যকর করা যাবে না

und sie muss unter den Bedingungen der Bourgeoisie Produktion erreicht werden

এবং তা অর্জন করতে হবে বুর্জোয়া উৎপাদনের শর্তে

Sie wird also durch Maßnahmen erreicht, die wirtschaftlich unzureichend und unhaltbar erscheinen

এটি এমন পদক্ষেপের মাধ্যমে অর্জন করা হয়, যা অর্থনৈতিকভাবে অপর্যাপ্ত এবং অসমর্থনযোগ্য বলে মনে হয়

aber diese Mittel überflügeln sich im Laufe der Bewegung selbst

কিন্তু আন্দোলন চলাকালীন এগুলোর অর্থ নিজেকে ছাড়িয়ে যায়

sie erfordern weitere Eingriffe in die alte Gesellschaftsordnung

তারা পুরানো সামাজিক শৃঙ্খলার উপর আরও অনুপ্রবেশ অপরিহার্য

und sie sind unvermeidlich, um die Produktionsweise völlig zu revolutionieren

এবং উৎপাদন পদ্ধতিতে সম্পূর্ণরূপে বৈপ্লবিক পরিবর্তন আনার উপায় হিসেবে এগুলো অনিবার্য

Diese Maßnahmen werden natürlich in den verschiedenen Ländern unterschiedlich sein

এই ব্যবস্থা অবশ্যই বিভিন্ন দেশে ভিন্ন হবে

Nichtsdestotrotz wird in den am weitesten fortgeschrittenen Ländern das Folgende ziemlich allgemein anwendbar sein

তবুও সবচেয়ে উন্নত দেশগুলিতে, নিম্নলিখিতগুলি বেশ সাধারণভাবে প্রযোজ্য হবে

1. Abschaffung des Grundeigentums und Verwendung aller Grundrenten für öffentliche Zwecke.

১. জমির সম্পত্তি বিলুপ্তি এবং জমির সকল খাজনা জনসাধারণের কাজে প্রয়োগ করা।

2. Eine hohe progressive oder abgestufte Einkommensteuer.

২. একটি ভারী প্রগতিশীল বা স্নাতক আয়কর।

3. Abschaffung jeglichen Erbrechts.

৩. উত্তরাধিকারের সকল অধিকার বিলুপ্ত করা।

4. Konfiskation des Eigentums aller Emigranten und Rebellen.

৪. সকল মুহাজির ও বিদ্রোহীদের সম্পত্তি বাজেয়াপ্ত করা।

5. Zentralisierung des Kredits in den Händen des Staates durch eine Nationalbank mit staatlichem Kapital und ausschließlichem Monopol.

৫. রাষ্ট্রীয় পুঁজি এবং একচেটিয়া একচেটিয়া অধিকারী একটি জাতীয় ব্যাংকের মাধ্যমে রাষ্ট্রের হাতে ঋণের কেন্দ্রীকরণ।

6. Zentralisierung der Kommunikations- und Transportmittel in den Händen des Staates.

৬. যোগাযোগ ও পরিবহণের মাধ্যম রাষ্ট্রের হাতে কেন্দ্রীভূতকরণ।

7. Ausbau der Fabriken und Produktionsmittel im Eigentum des Staates

৭. রাষ্ট্রের মালিকানাধীন কারখানা ও উৎপাদন যন্ত্রের সম্প্রসারণ

die Kultivierung von Ödland und die Verbesserung des Bodens überhaupt nach einem gemeinsamen Plan.

পতিত জমি চাষের কাজে লাগানো এবং সাধারণভাবে একটি সাধারণ পরিকল্পনা অনুযায়ী মাটির উন্নতি।

8. Gleiche Haftung aller für die Arbeit

৮. শ্রমের প্রতি সকলের সমান দায়বদ্ধতা

Aufbau von Industriearmeen, vor allem für die Landwirtschaft.

বিশেষ করে কৃষির জন্য শিল্প বাহিনী প্রতিষ্ঠা করা।

9. Kombination der Landwirtschaft mit dem verarbeitenden Gewerbe

৯. উৎপাদন শিল্পের সঙ্গে কৃষির সমন্বয়

allmähliche Aufhebung der Unterscheidung zwischen Stadt und Land durch eine gleichmäßigere Verteilung der Bevölkerung über das Land.

ধীরে ধীরে শহর ও দেশের মধ্যে পার্থক্য বিলুপ্ত করা, সারা দেশে জনসংখ্যার আরও সমান বিতরণ দ্বারা।

10. Kostenlose Bildung für alle Kinder in öffentlichen Schulen.

১০. পাবলিক স্কুলে সব শিশুদের জন্য বিনামূল্যে শিক্ষা।

Abschaffung der Kinderfabrikarbeit in ihrer jetzigen Form

বর্তমান আকারে শিশু কারখানার শ্রম বিলুপ্তি

Kombination von Bildung und industrieller Produktion

শিল্পোৎপাদনের সঙ্গে শিক্ষার সমন্বয়

Wenn im Laufe der Entwicklung die Klassenunterschiede verschwunden sind

যখন বিকাশের ধারায় শ্রেণীবৈষম্য বিলুপ্ত হয়ে গেছে

und wenn die ganze Produktion in den Händen einer ungeheuren Assoziation der ganzen Nation konzentriert ist

এবং যখন সমস্ত উৎপাদন সমগ্র জাতির এক বিশাল সমিতির হাতে কেন্দ্রীভূত হয়েছে

dann verliert die Staatsgewalt ihren politischen Charakter

তখন গণশক্তি তার রাজনৈতিক চরিত্র হারাবে

Politische Macht, eigentlich so genannt, ist nichts anderes als die organisierte Macht einer Klasse, um eine andere zu unterdrücken

রাজনৈতিক ক্ষমতা, যথাযথভাবে তথাকথিত, অন্য শ্রেণীকে নিপীড়ন করার জন্য এক শ্রেণীর সংগঠিত শক্তি মাত্র।

Wenn das Proletariat in seinem Kampf mit der Bourgeoisie durch die Gewalt der Umstände gezwungen ist, sich als Klasse zu organisieren

বুর্জোয়াদের সঙ্গে প্রতিযোগিতার সময় প্রলেতারিয়েত যদি পরিস্থিতির জোরে নিজেকে একটা শ্রেণী হিসেবে সংগঠিত করতে বাধ্য হয়

wenn sie sich durch eine Revolution zur herrschenden Klasse macht

যদি, বিপ্লবের মাধ্যমে, এটি নিজেকে শাসক শ্রেণীতে পরিণত করে

und als solche fegt sie mit Gewalt die alten Produktionsbedingungen hinweg

এবং, যেমন, এটি উত্পাদনের পুরানো শর্তগুলিকে জোর করে ধুয়ে দেয়

dann wird sie mit diesen Bedingungen auch die Bedingungen für die Existenz der Klassengegensätze und der Klassen überhaupt hinweggefegt haben

তখন এই শর্তাবলীর সাথে সাথে শ্রেণী বৈরিতা ও সাধারণভাবে শ্রেণীর অস্তিত্বের শর্তকেও ধুয়ে মুছে ফেলবে

und wird damit seine eigene Vorherrschaft als Klasse aufgehoben haben.

এবং এর ফলে শ্রেণী হিসেবে নিজেদের আধিপত্য বিলুপ্ত হবে।

An die Stelle der alten Bourgeoisie Gesellschaft mit ihren Klassen und Klassengegensätzen treten eine Assoziation

পুরাতন বুর্জোয়া সমাজের পরিবর্তে, তার শ্রেণী ও শ্রেণী বিরোধিতার সাথে আমাদের একটি সমিতি থাকবে

**eine Assoziation, in der die freie Entwicklung eines jeden
die Bedingung für die freie Entwicklung aller ist**
এমন একটি সমিতি যেখানে প্রত্যেকের অবাধ বিকাশ
সকলের অবাধ বিকাশের শর্ত

1) Reaktionärer Sozialismus
১) প্রতিক্রিয়াশীল সমাজতন্ত্র

a) Feudaler Sozialismus
ক) সামন্ততান্ত্রিক সমাজতন্ত্র

die Aristokratien Frankreichs und Englands hatten eine einzigartige historische Stellung
ফ্রান্স এবং ইংল্যান্ডের অভিজাতদের একটি অনন্য ঐতিহাসিক অবস্থান ছিল

es wurde zu ihrer Berufung, Pamphlete gegen die moderne Boureoisie Gesellschaft zu schreiben
আধুনিক বুর্জোয়া সমাজের বিরুদ্ধে পুস্তিকা লেখা তাদের পেশায় পরিণত হয়েছিল

In der französischen Revolution vom Juli 1830 und in der englischen Reformagitation
1830 সালের জুলাইয়ের ফরাসি বিপ্লবে এবং ইংরেজ সংস্কার আন্দোলনে

Diese Aristokratien erlagen wieder dem hasserfüllten Emporkömmling
এই অভিজাতরা আবার ঘৃণ্য উত্থানের কাছে আত্মসমর্পণ করেছিল

An eine ernsthafte politische Auseinandersetzung war fortan nicht mehr zu denken
এরপর থেকে গুরুতর রাজনৈতিক প্রতিদ্বন্দ্বিতার প্রশ্নই ওঠে না

Alles, was möglich blieb, war eine literarische Schlacht, keine wirkliche Schlacht
যা কিছু সম্ভব ছিল তা ছিল সাহিত্যের লড়াই, প্রকৃত লড়াই নয়

Aber auch auf dem Gebiet der Literatur waren die alten Schreie der Restaurationszeit unmöglich geworden

কিন্তু সাহিত্যের ক্ষেত্রেও পুনঃস্থাপনের সময়ের পুরনো হাহাকার অসম্ভব হয়ে পড়েছিল

Um Sympathie zu erregen, mußte die Aristokratie offenbar ihre eigenen Interessen aus den Augen verlieren

সহানুভূতি জাগ্রত করার জন্য, অভিজাতরা স্পষ্টতই তাদের নিজস্ব স্বার্থের প্রতি দৃষ্টি হারাতে বাধ্য হয়েছিল

und sie waren gezwungen, ihre Anklage gegen die Bourgeoisie im Interesse der ausgebeuteten Arbeiterklasse zu formulieren

এবং তারা শোষিত শ্রমিক শ্রেণীর স্বার্থে বুর্জোয়াদের বিরুদ্ধে তাদের অভিযোগ গঠন করতে বাধ্য হয়েছিল

So rächte sich die Aristokratie, indem sie ihren neuen Herrn verspottete

এইভাবে অভিজাতরা তাদের নতুন মনিবের উপর ল্যাম্পুন গেয়ে তাদের প্রতিশোধ নিয়েছিল

Und sie rächten sich, indem sie ihm unheimliche Prophezeiungen über die kommende Katastrophe ins Ohr flüsterten

এবং তারা তার কানে ফিসফিস করে আসন্ন বিপর্যয়ের অশুভ ভবিষ্যদ্বাণী বলে প্রতিশোধ নিয়েছিল

So entstand der feudale Sozialismus: halb Klage, halb Spott

এভাবেই গড়ে ওঠে সামন্ততান্ত্রিক সমাজতন্ত্র: অর্ধেক বিলাপ, আরেক ল্যাম্পুন

Es klang halb wie ein Echo der Vergangenheit und projizierte halb die Bedrohung der Zukunft

এটি অতীতের অর্ধেক প্রতিধ্বনি এবং ভবিষ্যতের অর্ধেক বিপদের প্রক্ষেপণ হিসাবে বেজে ওঠে

zuweilen traf sie durch ihre bittere, geistreiche und scharfe Kritik die Bourgeoisie bis ins Mark

মাঝে মাঝে, এর তিক্ত, রসিক এবং তীক্ষ্ণ সমালোচনার মাধ্যমে, এটি বুর্জোয়াদের হৃদয়ের অন্তঃস্থলে আঘাত করেছিল

aber es war immer lächerlich in seiner Wirkung, weil es
völlig unfähig war, den Gang der neueren Geschichte zu
begreifen

কিন্তু আধুনিক ইতিহাসের অগ্রযাত্রা অনুধাবনে সম্পূর্ণ
অক্ষমতার কারণে এর প্রভাবটি সর্বদা হাস্যকর ছিল

Die Aristokratie schwenkte, um das Volk um sich zu
scharen, den proletarischen Almosensack als Banner

অভিজাত শ্রেণী জনগণকে তাদের কাছে জড়ো করার জন্য
সর্বহারা ভিক্ষা-থলি সামনে একটি ব্যানারের জন্য নাড়াচাড়া
করে

Aber das Volk, so oft es sich zu ihnen gesellte, sah auf
seinem Hinterteil die alten Feudalwappen

কিন্তু জনগণ, যতবার তাদের সাথে যোগ দিয়েছিল, তাদের
পশ্চাতে পুরানো সামন্ততান্ত্রিক অস্ত্রের কোট দেখতে পেয়েছিল

Und sie verließen mit lautem und respektlosem Gelächter

এবং তারা উচ্চস্বরে এবং অযৌক্তিক হাসিতে চলে গেল

Ein Teil der französischen Legitimisten und des "jungen
Englands" zeigte dieses Schauspiel

ফরাসি লেজিটিমিস্ট এবং "ইয়ং ইংল্যান্ড" এর একটি অংশ
এই দৃশ্যটি প্রদর্শন করেছিল

die Feudalisten wiesen darauf hin, dass ihre
Ausbeutungsweise eine andere sei als die der Bourgeoisie

সামন্তবাদীরা দেখিয়েছে যে তাদের শোষণের পদ্ধতি
বুর্জোয়াদের থেকে আলাদা

Die Feudalisten vergessen, dass sie unter ganz anderen
Umständen und Bedingungen ausgebeutet haben

সামন্তবাদীরা ভুলে যায় যে তারা সম্পূর্ণ ভিন্ন পরিস্থিতিতে
এবং পরিস্থিতিতে শোষণ করেছিল

Und sie haben nicht bemerkt, dass solche Methoden der
Ausbeutung heute veraltet sind

এবং তারা খেয়াল করেনি যে শোষণের এই পদ্ধতিগুলি
এখন প্রাচীনতম

Sie zeigten, dass unter ihrer Herrschaft das moderne Proletariat nie existiert hat

তারা দেখিয়েছে যে, তাদের শাসনামলে আধুনিক প্রলেতারিয়েতের অস্তিত্ব কখনোই ছিল না

aber sie vergessen, daß die moderne Bourgeoisie der notwendige Sprößling ihrer eigenen Gesellschaftsform ist

কিন্তু তারা ভুলে যায় যে আধুনিক বুর্জোয়ারা তাদের নিজস্ব রূপের সমাজের প্রয়োজনীয় সন্তান

Im übrigen verbergen sie kaum den reaktionären Charakter ihrer Kritik

বাকিদের জন্য তারা তাদের সমালোচনার প্রতিক্রিয়াশীল চরিত্র খুব কমই গোপন করে

ihre Hauptanklage gegen die Bourgeoisie läuft auf folgendes hinaus

বুর্জোয়াদের বিরুদ্ধে তাদের প্রধান অভিযোগের পরিমাণ নিম্নরূপ

unter dem Boureoisie Regime entwickelt sich eine soziale Klasse

বুর্জোয়া শাসনের অধীনে একটি সামাজিক শ্রেণি গড়ে উঠছে

Diese soziale Klasse ist dazu bestimmt, die alte Gesellschaftsordnung an der Wurzel zu zerschneiden

এই সামাজিক শ্রেণীর নিয়তি সমাজের পুরনো ব্যবস্থার শিকড় কেটে শাখা প্রশাখা বিস্তার করে

Womit sie die Bourgeoisie aufpeppen, ist nicht so sehr, dass sie ein Proletariat schafft

তারা বুর্জোয়াদের যে দাপট দেখায় তা এতটা নয় যে এটি একটি সর্বহারা শ্রেণী তৈরি করে

womit sie die Bourgeoisie aufpeppen, ist mehr, dass sie ein revolutionäres Proletariat schafft

বুর্জোয়াদের তারা যা দিয়ে উচ্চারণ করে তা আরও বেশি করে যে এটি একটি বিপ্লবী সর্বহারা শ্রেণী তৈরি করে

In der politischen Praxis beteiligen sie sich daher an allen Zwangsmaßnahmen gegen die Arbeiterklasse

রাজনৈতিক অনুশীলনে, তাই তারা শ্রমিক শ্রেণীর বিরুদ্ধে সমস্ত জবরদস্তিমূলক ব্যবস্থায় যোগ দেয়

Und im gewöhnlichen Leben bücken sie sich, trotz ihrer hochtrabenden Phrasen, um die goldenen Äpfel aufzuheben, die vom Baum der Industrie fallen gelassen wurden

আর সাধারণ জীবনে, উচ্চমার্গীয় বাক্য সত্ত্বেও তারা শিল্পের বৃক্ষ থেকে ঝরে পড়া সোনালী আপেল কুড়িয়ে নিতে ঝাঁপিয়ে পড়ে

Und sie tauschen Wahrheit, Liebe und Ehre gegen den Handel mit Wolle, Rote-Bete-Zucker und Kartoffelbränden

এবং তারা পশম, বিটরুট–চিনি এবং আলুর স্পিরিটে বাণিজ্যের জন্য সত্য, ভালবাসা এবং সম্মান বিনিময় করে

Wie der Pfarrer immer Hand in Hand mit dem Gutsherrn gegangen ist, so ist es der klerikale Sozialismus mit dem feudalen Sozialismus getan

জমিদারের সঙ্গে যেমন ধর্মযাজক হাত মিলিয়েছেন, তেমনি সামন্ততান্ত্রিক সমাজতন্ত্রের সঙ্গে কেরানি সমাজতন্ত্রও হাত মিলিয়েছে

Nichts ist leichter, als der christlichen Askese einen sozialistischen Anstrich zu geben

খ্রিস্টান সন্ন্যাসকে সমাজতান্ত্রিক আভা দেওয়ার চেয়ে সহজ আর কিছুই নেই

Hat nicht das Christentum gegen das Privateigentum, gegen die Ehe, gegen den Staat deklamiert?

খ্রিস্টধর্ম কি ব্যক্তিগত সম্পত্তির বিরুদ্ধে, বিবাহের বিরুদ্ধে, রাষ্ট্রের বিরুদ্ধে ঘোষণা করে না?

Hat das Christentum nicht an die Stelle dieser Nächstenliebe und Armut getreten?

খ্রিস্টধর্ম কি এগুলোর স্থলে প্রচার করেনি, দান ও দারিদ্র্য?

Predigt das Christentum nicht den Zölibat und die Abtötung des Fleisches, das monastische Leben und die Mutter Kirche?

খ্রিস্টধর্ম কি মাংস, সন্ন্যাসী জীবন এবং মাদার চার্চের ব্রহ্মচর্য এবং মর্মবৃত্তির প্রচার করে না?

Der christliche Sozialismus ist nur das Weihwasser, mit dem der Priester das Herzbrennen des Aristokraten weiht

খ্রিষ্টান সমাজতন্ত্র সেই পবিত্র জল মাত্র, যা দিয়ে পুরোহিত অভিজাতদের হৃদয়দহনকে পবিত্র করেন

b) Kleinbürgerlicher Sozialismus

থ) পেটি-বুর্জোয়া সমাজতন্ত্র

Die feudale Aristokratie war nicht die einzige Klasse, die von der Bourgeoisie ruiniert wurde

সামন্ততান্ত্রিক অভিজাততন্ত্রই একমাত্র শ্রেণী নয় যারা বুর্জোয়াদের দ্বারা ধ্বংস হয়েছিল

sie war nicht die einzige Klasse, deren Existenzbedingungen in der Atmosphäre der modernen Bourgeoisie Gesellschaft schmachten und zugrunde gingen

আধুনিক বুর্জোয়া সমাজের পরিবেশে অস্তিত্বের শর্ত বিনষ্ট ও বিলুপ্ত হয়ে যাওয়া একমাত্র শ্রেণি নয়

Die mittelalterliche Bürgerschaft und die kleinbäuerlichen Eigentümer waren die Vorläufer des modernen Bourgeoisie

মধ্যযুগীয় বার্জেস এবং ক্ষুদ্র কৃষক মালিকরা আধুনিক বুর্জোয়াদের অগ্রদূত ছিলেন

In den Ländern, die industriell und kommerziell nur wenig entwickelt sind, vegetieren diese beiden Klassen noch Seite an Seite

যেসব দেশে শিল্প ও বাণিজ্যিকভাবে স্বল্পোন্নত, সেখানে এই দুই শ্রেণি এখনো পাশাপাশি বসবাস করছে

und in der Zwischenzeit erhebt sich die Bourgeoisie neben ihnen: industriell, kommerziell und politisch

এবং এরই মধ্যে বুর্জোয়ারা তাদের পাশে উঠে দাঁড়ায়: শিল্পগতভাবে, বাণিজ্যিকভাবে এবং রাজনৈতিকভাবে

In den Ländern, in denen die moderne Zivilisation voll entwickelt ist, hat sich eine neue Klasse des Kleinbourgeoisie gebildet

যেসব দেশে আধুনিক সভ্যতা পরিপূর্ণভাবে বিকশিত হয়েছে, সেখানে পেটি বুর্জোয়াদের একটি নতুন শ্রেণি গড়ে উঠেছে

diese neue soziale Klasse schwankt zwischen Proletariat und Bourgeoisie

এই নতুন সামাজিক শ্রেণী সর্বহারা শ্রেণী ও বুর্জোয়াদের মধ্যে ওঠানামা করে

und sie erneuert sich ständig als ergänzender Teil der Bourgeoisie Gesellschaft

এবং এটি বুর্জোয়া সমাজের পরিপূরক অংশ হিসাবে নিজেকে সর্বদা পুনর্নবীকরণ করছে

Die einzelnen Glieder dieser Klasse aber werden fortwährend in das Proletariat hinabgeschleudert

এই শ্রেণীর স্বতন্ত্র সদস্যদেরকে অবশ্য ক্রমাগত সর্বহারা শ্রেণীতে নিক্ষেপ করা হচ্ছে

sie werden vom Proletariat durch die Einwirkung der Konkurrenz aufgesaugt

প্রতিযোগিতার ক্রিয়ার মাধ্যমে তারা সর্বহারা শ্রেণী দ্বারা চুষে খায়

In dem Maße, wie sich die moderne Industrie entwickelt, sehen sie sogar den Augenblick herannahen, in dem sie als eigenständiger Teil der modernen Gesellschaft völlig verschwinden wird

আধুনিক শিল্পের বিকাশের সাথে সাথে তারা এমনকি সেই মুহূর্তটি এগিয়ে আসতে দেখছে যখন তারা আধুনিক সমাজের একটি স্বাধীন বিভাগ হিসাবে সম্পূর্ণরূপে অদৃশ্য হয়ে যাবে

Sie werden in der Manufaktur, in der Landwirtschaft und im Handel durch Aufseher, Gerichtsvollzieher und Krämer ersetzt werden

উৎপাদন, কৃষি ও বাণিজ্য ক্ষেত্রে তাদের পরিবর্তে উপরক্ষক, বেলিফ এবং দোকানদারদের দ্বারা প্রতিস্থাপিত হবে

In Ländern wie Frankreich, wo die Bauern weit mehr als die Hälfte der Bevölkerung ausmachen

ফ্রান্সের মতো দেশে, যেখানে কৃষকরা জনসংখ্যার অর্ধেকেরও বেশি

es war natürlich, dass es Schriftsteller gab, die sich auf die Seite des Proletariats gegen die Bourgeoisie stellten

এটা স্বাভাবিক ছিল যে বুর্জোয়াদের বিরুদ্ধে প্রলেতারিয়েতের পক্ষ নেওয়া লেখকরা আছেন

in ihrer Kritik am Bourgeoisie Regime benutzten sie den Maßstab des Bauern- und Kleinbourgeoisie

বুর্জোয়া শাসনের সমালোচনায় তারা কৃষক ও ক্ষুদে বুর্জোয়াদের মানদণ্ড ব্যবহার করেছিল

Und vom Standpunkt dieser Zwischenklassen aus ergreifen sie die Keule für die Arbeiterklasse

এবং এই মধ্যবর্তী শ্রেণীর দৃষ্টিকোণ থেকে তারা শ্রমিক শ্রেণীর জন্য কোদাল গ্রহণ করে

So entstand der Kleinbourgeoisie Sozialismus, dessen Haupt Sismondi nicht nur in Frankreich, sondern auch in England war

এইভাবে পেটি-বুর্জোয়া সমাজতন্ত্রের উত্থান ঘটে, যার মধ্যে সিসমন্ডি এই স্কুলের প্রধান ছিলেন, কেবল ফ্রান্সেই নয়, ইংল্যান্ডেও

Diese Schule des Sozialismus sezierte mit großer Schärfe die Widersprüche in den Bedingungen der modernen Produktion

সমাজতন্ত্রের এই ধারা আধুনিক উৎপাদন ব্যবস্থার দ্বন্দ্বগুলোকে অত্যন্ত তীব্রভাবে ব্যবচ্ছেদ করেছে

Diese Schule entlarvte die heuchlerischen Entschuldigungen der Ökonomen

এই স্কুলটি অর্থনীতিবিদদের ভণ্ডামি ক্ষমা প্রার্থনা করেছিল

Diese Schule bewies unwiderlegbar die verheerenden Auswirkungen der Maschinerie und der Arbeitsteilung

যন্ত্রপাতির বিপর্যয়কর প্রভাব এবং শ্রম বিভাজনের বিপর্যয়কর প্রভাব এই বিদ্যালয়টি অকাট্যভাবে প্রমাণ করেছিল

Es bewies die Konzentration von Kapital und Grund und Boden in wenigen Händen

পুঁজি ও জমির কেন্দ্রীভবন অল্প হাতে প্রমাণিত হয়

sie bewies, wie Überproduktion zu Bourgeoisie-Krisen führt

এটি প্রমাণ করে যে কীভাবে অতিরিক্ত উত্পাদন বুর্জোয়া সংকটের দিকে পরিচালিত করে

sie wies auf den unvermeidlichen Ruin des Kleinbourgeoisie' und der Bauern hin

এটি পেটি বুর্জোয়া ও কৃষকের অনিবার্য ধ্বংসকে নির্দেশ করেছিল

das Elend des Proletariats, die Anarchie in der Produktion, die schreiende Ungleichheit in der Verteilung des Reichtums

প্রলেতারিয়েতের দুঃখ-দুর্দশা, উৎপাদনে নৈরাজ্য, সম্পদের বণ্টনে হাহাকার বৈষম্য

Er zeigte, wie das Produktionssystem den industriellen Vernichtungskrieg zwischen den Nationen führt

এটি দেখিয়েছিল যে উৎপাদন ব্যবস্থা কীভাবে জাতিগুলির মধ্যে নির্মূলের শিল্প যুদ্ধের নেতৃত্ব দেয়

die Auflösung der alten sittlichen Bande, der alten Familienverhältnisse, der alten Nationalitäten

পুরাতন নৈতিক বন্ধন, পুরাতন পারিবারিক সম্পর্ক, পুরাতন জাতীয়তার বিলুপ্তি

In ihren positiven Zielen strebt diese Form des Sozialismus jedoch eines von zwei Dingen an

তবে এর ইতিবাচক লক্ষ্যে, সমাজতন্ত্রের এই রূপটি দুটি জিনিসের একটি অর্জন করতে চায়

Entweder zielt sie darauf ab, die alten Produktions- und Tauschmittel wiederherzustellen

হয় এর লক্ষ্য উৎপাদনের পুরনো উপায়-উপকরণ পুনঃপ্রতিষ্ঠা করা এবং বিনিময় করা

und mit den alten Produktionsmitteln würde sie die alten Eigentumsverhältnisse und die alte Gesellschaft wiederherstellen

এবং উৎপাদনের পুরানো উপায়ের সাথে এটি পুরানো সম্পত্তি সম্পর্ক এবং পুরানো সমাজকে পুনরুদ্ধার করবে

oder sie zielt darauf ab, die modernen Produktions- und Austauschmittel in den alten Rahmen der Eigentumsverhältnisse zu zwängen

অথবা এর লক্ষ্য উৎপাদনের আধুনিক উপায়গুলিকে সংকুচিত করা এবং সম্পত্তি সম্পর্কের পুরানো কাঠামোর মধ্যে বিনিময় করা

In beiden Fällen ist es sowohl reaktionär als auch utopisch

উভয় ক্ষেত্রেই, এটি প্রতিক্রিয়াশীল এবং ইউটোপিয়ান উভয়ই

Seine letzten Worte lauten: Korporativzünfte für die Manufaktur, patriarchalische Verhältnisse in der Landwirtschaft

এর শেষ কথাগুলি হ'ল: উত্পাদনের জন্য কর্পোরেট গিল্ডস, কৃষিতে পিতৃতান্ত্রিক সম্পর্ক

Schließlich, als hartnäckige historische Tatsachen alle berauschenden Wirkungen der Selbsttäuschung zerstreut hatten,

অবশেষে, যখন একগুঁয়ে ঐতিহাসিক ঘটনাগুলি আত্ম-প্রবঞ্চনার সমস্ত নেশাগ্রস্ত প্রভাবগুলি ছড়িয়ে দিয়েছিল

diese Form des Sozialismus endete in einem elenden Anfall von Mitleid

সমাজতন্ত্রের এই রূপটি করুণার একটি করুণ ফিটে শেষ হয়েছিল

c) Deutscher oder "wahrer" Sozialismus
গ) জার্মান বা 'সত্যিকারের' সমাজতন্ত্র

Die sozialistische und kommunistische Literatur Frankreichs entstand unter dem Druck einer herrschenden Bourgeoisie

ক্ষমতাসীন বুর্জোয়াদের চাপে ফ্রান্সের সমাজতান্ত্রিক ও কমিউনিস্ট সাহিত্যের উদ্ভব হয়েছিল

Und diese Literatur war der Ausdruck des Kampfes gegen diese Macht

আর এই সাহিত্য ছিল এই ক্ষমতার বিরুদ্ধে সংগ্রামের বহিঃপ্রকাশ

sie wurde in Deutschland zu einer Zeit eingeführt, als die Bourgeoisie gerade ihren Kampf mit dem feudalen Absolutismus begonnen hatte

এটি এমন এক সময়ে জার্মানিতে প্রবর্তিত হয়েছিল যখন বুর্জোয়ারা সবেমাত্র সামন্ততান্ত্রিক নিরঙ্কুশতার সাথে তার প্রতিযোগিতা শুরু করেছিল

Deutsche Philosophen, Möchtegern-Philosophen und Beaux Esprits griffen begierig zu dieser Literatur

জার্মান দার্শনিক, হবু দার্শনিক এবং বিউক্স এসপ্রিটরা এই সাহিত্যকে আগ্রহের সাথে গ্রহণ করেছিলেন

aber sie vergaßen, daß die Schriften aus Frankreich nach Deutschland einwanderten, ohne die französischen Gesellschaftsverhältnisse mitzubringen

কিন্তু তারা ভুলে গিয়েছিল যে লেখাগুলি ফরাসি সামাজিক অবস্থার সাথে না এনে ফ্রান্স থেকে জার্মানিতে চলে এসেছিল

Im Kontakt mit den deutschen gesellschaftlichen Verhältnissen verlor diese französische Literatur ihre unmittelbare praktische Bedeutung

জার্মান সামাজিক অবস্থার সংস্পর্শে এসে এই ফরাসি সাহিত্য তার তাৎক্ষণিক ব্যবহারিক তাৎপর্য হারিয়ে ফেলে

und die kommunistische Literatur Frankreichs nahm in
deutschen akademischen Kreisen einen rein literarischen
Aspekt an

এবং ফ্রান্সের কমিউনিস্ট সাহিত্য জার্মান একাডেমিক
চেনাশোনাগুলিতে একটি বিশুদ্ধরূপে সাহিত্যিক দিক গ্রহণ
করেছিল

So waren die Forderungen der ersten Französischen
Revolution nichts anderes als die Forderungen der
"praktischen Vernunft"

সুতরাং, প্রথম ফরাসি বিপ্লবের দাবি "ব্যবহারিক যুক্তির"
দাবি ছাড়া আর কিছুই ছিল না

und die Willensäußerung der revolutionären französischen
Bourgeoisie bedeutete in ihren Augen das Gesetz des reinen
Willens

এবং বিপ্লবী ফরাসি বুর্জোয়াদের ইচ্ছার উচ্চারণ তাদের
চোখে বিশুদ্ধ ইচ্ছার আইনকে নির্দেশ করে

es bedeutete den Willen, wie er sein mußte; des wahren
menschlichen Willens überhaupt

এটি উইলকে বোঝায় যেমন এটি হতে বাধ্য ছিল;
সত্যিকারের মানবিক ইচ্ছা সাধারণত

Die Welt der deutschen Literaten bestand einzig und allein
darin, die neuen französischen Ideen mit ihrem alten
philosophischen Gewissen in Einklang zu bringen

জার্মান সাহিত্যিকদের জগৎ কেবল নতুন ফরাসি
ধারণাগুলিকে তাদের প্রাচীন দার্শনিক বিবেকের সাথে
সামঞ্জস্যপূর্ণ করার মধ্যে নিহিত ছিল

oder vielmehr, sie annektierten die französischen Ideen,
ohne ihren eigenen philosophischen Standpunkt
aufzugeben

অথবা বরং, তারা তাদের নিজস্ব দার্শনিক দৃষ্টিভঙ্গি ত্যাগ
না করে ফরাসি ধারণাগুলি সংযুক্ত করেছিল

Diese Annexion vollzog sich auf die gleiche Weise, wie man sich eine Fremdsprache aneignet, nämlich durch Übersetzung

এই সংযুক্তিটি একইভাবে ঘটেছিল যেভাবে একটি বিদেশী ভাষা বরাদ্দ করা হয়, যথা, অনুবাদ দ্বারা

Es ist bekannt, wie die Mönche alberne Leben katholischer Heiliger über Manuskripte schrieben

সন্ন্যাসীরা কীভাবে পাণ্ডুলিপির উপর ক্যাথলিক সাধুদের নির্বোধ জীবন লিখেছিলেন তা সর্বজনবিদিত

die Manuskripte, auf denen die klassischen Werke des antiken Heidentums geschrieben waren

যে পাণ্ডুলিপিগুলির উপর প্রাচীন ঐতিহাসিকদের ধ্রুপদী কাজগুলি লেখা হয়েছিল

Die deutschen Literaten kehrten diesen Prozess mit der profanen französischen Literatur um

জার্মান সাহিত্যিক অপবিত্র ফরাসি সাহিত্য দিয়ে এই প্রক্রিয়াটি বিপরীত করেছিলেন

Sie schrieben ihren philosophischen Unsinn unter das französische Original

তারা ফরাসি মূলের নীচে তাদের দার্শনিক আজেবাজে কথা লিখেছিল

Zum Beispiel schrieben sie unter der französischen Kritik an den ökonomischen Funktionen des Geldes "Entfremdung der Menschheit"

উদাহরণস্বরূপ, অর্থের অর্থনৈতিক ক্রিয়াকলাপ সম্পর্কে ফরাসিদের সমালোচনার আড়ালে, তারা "মানবতার বিচ্ছিন্নতা" লিখেছিল

unter die französische Kritik am Bourgeoisie Staat schrieben sie "Entthronung der Kategorie des Generals"

বুর্জোয়া রাষ্ট্রের ফরাসি সমালোচনার নীচে তারা লিখেছিল "জেনারেলের বিভাগের সিংহাসনচ্যুতি"

Die Einführung dieser philosophischen Phrasen hinter der französischen Geschichtskritik nannten sie:

ফরাসি ঐতিহাসিক সমালোচনার পেছনে এই দার্শনিক বাক্যাংশের ভূমিকা:

"Philosophie des Handelns", "Wahrer Sozialismus", "Deutsche Sozialismuswissenschaft", "Philosophische Grundlagen des Sozialismus" und so weiter

"কর্মের দর্শন", "সত্যিকারের সমাজতন্ত্র", "সমাজতন্ত্রের জার্মান বিজ্ঞান," "সমাজতন্ত্রের দার্শনিক ভিত্তি" ইত্যাদি

Die französische sozialistische und kommunistische Literatur wurde damit völlig entmannt

ফরাসি সমাজতান্ত্রিক ও কমিউনিস্ট সাহিত্য এভাবে সম্পূর্ণরূপে পুরুষত্বহীন হয়ে পড়েছিল

in den Händen der deutschen Philosophen hörte sie auf, den Kampf der einen Klasse mit der anderen auszudrücken

জার্মান দার্শনিকদের হাতে এক শ্রেণীর সাথে অন্য শ্রেণীর সংগ্রাম প্রকাশ করা বন্ধ হয়ে যায়

und so fühlten sich die deutschen Philosophen bewußt, die "französische Einseitigkeit" überwunden zu haben

আর তাই জার্মান দার্শনিকরা 'ফরাসি একপেশেতা' কাটিয়ে ওঠার ব্যাপারে সচেতন ছিলেন

Sie musste keine wahren Forderungen repräsentieren, sondern sie repräsentierte Forderungen der Wahrheit

এটি সত্যিকারের প্রয়োজনীয়তার প্রতিনিধিত্ব করে না, বরং, এটি সত্যের প্রয়োজনীয়তার প্রতিনিধিত্ব করে

es gab kein Interesse am Proletariat, sondern an der menschlichen Natur

প্রলেতারিয়েতের প্রতি আগ্রহ ছিল না, বরং মানব প্রকৃতির প্রতি আগ্রহ ছিল

das Interesse galt dem Menschen überhaupt, der keiner Klasse angehört und keine Wirklichkeit hat

আগ্রহ ছিল সাধারণভাবে মানুষের প্রতি, যে কোন শ্রেণীর অন্তর্গত নয়, এবং তার কোন বাস্তবতা নেই

ein Mann, der nur im nebligen Reich der philosophischen Fantasie existiert

এমন একজন মানুষ যিনি কেবল দার্শনিক কল্পনার
কুয়াশাচ্ছন্ন রাজ্যে বিদ্যমান

aber schließlich verlor auch dieser deutsche
Schulsozialismus seine pedantische Unschuld
কিন্তু শেষ পর্যন্ত এই স্কুলছাত্র জার্মান সমাজতন্ত্রও তার
পেডেন্টিক সরলতা হারিয়েছে

die deutsche Bourgeoisie und besonders die preußische
Bourgeoisie kämpfte gegen die feudale Aristokratie
জার্মান বুর্জোয়া, এবং বিশেষ করে প্রুশিয়ান বুর্জোয়ারা
সামন্ততান্ত্রিক অভিজাততন্ত্রের বিরুদ্ধে লড়াই করেছিল

auch die absolute Monarchie Deutschlands und Preußens
wurde bekämpft
জার্মানি এবং প্রুশিয়ার নিরঙ্কুশ রাজতন্ত্রের বিরুদ্ধেও লড়াই
করা হচ্ছিল

Und im Gegenzug wurde auch die Literatur der liberalen
Bewegung ernster
এবং পরিবর্তে, উদারনৈতিক আন্দোলনের সাহিত্যও আরও
আন্তরিক হয়ে ওঠে

Deutschlands lang ersehnte Chance auf einen "wahren"
Sozialismus wurde geboten
জার্মানির দীর্ঘদিনের আকাঙ্ক্ষিত 'সত্যিকারের' সমাজতন্ত্রের
সুযোগ দেওয়া হয়েছিল

die Möglichkeit, die politische Bewegung mit den
sozialistischen Forderungen zu konfrontieren
সমাজতান্ত্রিক দাবি সঙ্গে রাজনৈতিক আন্দোলন মোকাবেলা
করার সুযোগ

die Gelegenheit, die traditionellen Bannsprüche gegen den
Liberalismus zu schleudern
উদারনীতিবাদের বিরুদ্ধে চিরাচরিত অভিশাপ নিক্ষেপ করার
সুযোগ

die Möglichkeit, die repräsentative Regierung und die
Bourgeoisie Konkurrenz anzugreifen

প্রতিনিধিত্বমূলক সরকার এবং বুর্জোয়া প্রতিযোগিতা আক্রমণ
করার সুযোগ

Pressefreiheit der Bourgeoisie, Bourgeoisie Gesetzgebung,
Bourgeoisie Freiheit und Gleichheit

বুর্জোয়া সংবাদপত্রের স্বাধীনতা, বুর্জোয়া আইন, বুর্জোয়া
স্বাধীনতা ও সাম্য

All dies könnte nun in der realen Welt kritisiert werden,
anstatt in der Fantasie

এই সমস্ত এখন কল্পনার পরিবর্তে বাস্তব জগতে সমালোচিত
হতে পারে

Feudalaristokratie und absolute Monarchie hatten den
Massen lange gepredigt

সামন্ততান্ত্রিক অভিজাততন্ত্র এবং নিরঙ্কুশ রাজতন্ত্র দীর্ঘকাল
ধরে জনগণের কাছে প্রচার করেছিল

"Der Arbeiter hat nichts zu verlieren und er hat alles zu
gewinnen"

"শ্রমজীবী মানুষের হারানোর কিছু নেই, এবং তার পাওয়ার
সবই আছে"

auch die Bourgeoisie bewegung bot eine Chance, sich mit
diesen Plattitüden auseinanderzusetzen

বুর্জোয়া আন্দোলনও এই প্ল্যাটিচিউডের মোকাবিলা করার
সুযোগ দিয়েছিল

die französische Kritik setzte die Existenz der modernen
Bourgeoisie Gesellschaft voraus

ফরাসি সমালোচনা আধুনিক বুর্জোয়া সমাজের অস্তিত্বের
পূর্বাভাস দেয়

Bourgeoisie, ökonomische Existenzbedingungen und
Bourgeoisie politische Verfassung

অস্তিত্বের বুর্জোয়া অর্থনৈতিক অবস্থা এবং বুর্জোয়া
রাজনৈতিক সংবিধান

gerade die Dinge, deren Errungenschaft Gegenstand des in
Deutschland anstehenden Kampfes war

যে জিনিসগুলি অর্জন করা জার্মানিতে মুলতুবি সংগ্রামের উদ্দেশ্য ছিল

Deutschlands albernes Echo des Sozialismus hat diese Ziele gerade noch rechtzeitig aufgegeben

জার্মানির সমাজতন্ত্রের নির্বোধ প্রতিধ্বনি ঠিক সময়ে এই লক্ষ্যগুলি পরিত্যাগ করেছিল

Die absoluten Regierungen hatten ihre Gefolgschaft aus Pfarrern, Professoren, Landjunkern und Beamten

পরম সরকারগুলির পার্সন, অধ্যাপক, দেশীয় স্কোয়ার এবং কর্মকর্তাদের অনুসরণ ছিল

die damalige Regierung begegnete den deutschen Arbeiteraufständen mit Auspeitschungen und Kugeln

তৎকালীন সরকার জার্মান শ্রমিক শ্রেণীর উত্থানকে বেত্রাঘাত ও বুলেট দিয়ে মোকাবেলা করেছিল

ihnen diente dieser Sozialismus als willkommene Vogelscheuche gegen die drohende Bourgeoisie

তাদের কাছে এই সমাজতন্ত্র বিপন্ন বুর্জোয়াদের বিরুদ্ধে একটি স্বাগত স্কেয়ারক্রো হিসাবে কাজ করেছিল

und die deutsche Regierung konnte nach den bitteren Pillen, die sie austeilte, ein süßes Dessert anbieten

এবং জার্মান সরকার তিক্ত বড়ি দেওয়ার পরে একটি মিষ্টি মিষ্টি সরবরাহ করতে সক্ষম হয়েছিল

dieser "wahre" Sozialismus diente also den Regierungen als Waffe im Kampf gegen die deutsche Bourgeoisie

এই "সত্য" সমাজতন্ত্র এইভাবে জার্মান বুর্জোয়াদের বিরুদ্ধে লড়াইয়ের জন্য সরকারগুলিকে একটি অস্ত্র হিসাবে কাজ করেছিল

und gleichzeitig repräsentierte sie direkt ein reaktionäres Interesse; die der deutschen Philister

এবং, একই সময়ে, এটি সরাসরি একটি প্রতিক্রিয়াশীল স্বার্থের প্রতিনিধিত্ব করে; জার্মান পলেষ্টাইনদের

In Deutschland ist das Kleinbourgeoisie die wirkliche gesellschaftliche Grundlage des bestehenden Zustandes

জার্মানিতে পেটি বুর্জোয়া শ্রেণী হচ্ছে বিদ্যমান অবস্থার প্রকৃত সামাজিক ভিত্তি

Ein Relikt des sechzehnten Jahrhunderts, das immer wieder in verschiedenen Formen auftaucht

ষোড়শ শতাব্দীর একটি ধ্বংসাবশেষ যা ক্রমাগত বিভিন্ন রূপে ফসল ফলিয়ে চলেছে

Diese Klasse zu bewahren bedeutet, den bestehenden Zustand in Deutschland zu bewahren

এই শ্রেণীকে টিকিয়ে রাখা মানে জার্মানিতে বিদ্যমান অবস্থাকে টিকিয়ে রাখা

Die industrielle und politische Vorherrschaft der Bourgeoisie bedroht das KleinBourgeoisie mit der sicheren Vernichtung

বুর্জোয়াদের শিল্প ও রাজনৈতিক আধিপত্য পেটি বুর্জোয়াদের নিশ্চিত ধ্বংসের হুমকি দেয়

auf der einen Seite droht sie das Kleinbourgeoisiedurch die Konzentration des Kapitals zu vernichten

একদিকে পুঁজির কেন্দ্রীকরণের মাধ্যমে পেটি বুর্জোয়াদের ধ্বংস করার হুমকি দিচ্ছে

auf der anderen Seite droht die Bourgeoisie, sie durch den Aufstieg eines revolutionären Proletariats zu zerstören

অন্যদিকে বুর্জোয়ারা বিপ্লবী সর্বহারা শ্রেণীর উত্থানের মাধ্যমে তাকে ধ্বংস করার হুমকি দেয়

Der "wahre" Sozialismus schien diese beiden Fliegen mit einer Klappe zu schlagen. Es breitete sich wie eine Epidemie aus

'সত্যি' সমাজতন্ত্র এক ঢিলে এই দুই পাখি মারতে হাজির হয়েছিল। মহামারীর মতো ছড়িয়ে পড়েছিল

Das Gewand spekulativer Spinnweben, bestickt mit Blumen der Rhetorik, durchtränkt vom Tau kränklicher Gefühle

অলঙ্কারশাস্ত্রের ফুলে এমব্রয়ডারি করা মাকড়সার জালের পোশাক অসুস্থ অনুভূতির শিশিরে ডুবে আছে

dieses transzendentale Gewand, in das die deutschen Sozialisten ihre traurigen "ewigen Wahrheiten" hüllten

এই অতীন্দ্রিয় পোশাক যার মধ্যে জার্মান সমাজতন্ত্রীরা তাদের দুঃখজনক "চিরন্তন সত্য" আবৃত করেছিল

alle Haut und Knochen, dienten dazu, den Absatz ihrer Waren bei einem solchen Publikum wunderbar zu vermehren.

সমস্ত চামড়া এবং হাড়, এই জাতীয় জনসাধারণের মধ্যে তাদের পণ্যগুলির বিক্রয় আশ্চর্যজনকভাবে বৃদ্ধি করতে পরিবেশন করেছিল

Und der deutsche Sozialismus seinerseits erkannte mehr und mehr seine eigene Berufung

এবং অন্যদিকে জার্মান সমাজতন্ত্র তার নিজস্ব আহ্বানকে আরও বেশি করে স্বীকৃতি দিয়েছে

sie war berufen, die bombastische Vertreterin des Kleinbourgeoisie Philisters zu sein

এটি পেটি-বুর্জোয়া ফিলিস্টিনের বোম্বাস্টিক প্রতিনিধি হিসাবে ডাকা হয়েছিল

Sie proklamierte die deutsche Nation als Musternation und den deutschen Kleinphilister als Mustermann

এটি জার্মান জাতিকে মডেল জাতি হিসাবে ঘোষণা করেছিল এবং জার্মান পেটি ফিলিস্টাইন মডেল ম্যান হিসাবে ঘোষণা করেছিল

Jeder schurkischen Gemeinheit dieses Mustermenschen gab sie eine verborgene, höhere, sozialistische Deutung

এই আদর্শ মানুষের প্রতিটি খলনায়কের কাছে এটি একটি গোপন, উচ্চতর, সমাজতান্ত্রিক ব্যাখ্যা দিয়েছে

diese höhere, sozialistische Deutung war das genaue Gegenteil ihres wirklichen Charakters

এই উচ্চতর, সমাজতান্ত্রিক ব্যাখ্যা তার আসল চরিত্রের ঠিক বিপরীত ছিল

Sie ging so weit, sich der "brutal destruktiven" Tendenz des Kommunismus direkt entgegenzustellen

এটি কমিউনিজমের "নির্মমভাবে ধ্বংসাত্মক" প্রবণতার সরাসরি বিরোধিতা করার চূড়ান্ত পর্যায়ে গিয়েছিল

und sie proklamierte ihre höchste und unparteiische Verachtung aller Klassenkämpfe

এবং সকল শ্রেণীসংগ্রামের প্রতি চরম ও নিরপেক্ষ অবজ্ঞা ঘোষণা করে

Mit sehr wenigen Ausnahmen gehören alle sogenannten sozialistischen und kommunistischen Publikationen, die jetzt (1847) in Deutschland zirkulieren, in den Bereich dieser üblen und entnervenden Literatur

খুব সামান্য কিছু ব্যতিক্রম ছাড়া এখন (১৮৪৭) জার্মানিতে যত তথাকথিত সমাজতান্ত্রিক ও কমিউনিস্ট প্রকাশনা প্রচারিত হয়, তার সবই এই নোংরা ও উদ্দীপনামূলক সাহিত্যের অন্তর্গত

2) Konservativer Sozialismus oder bürgerlicher Sozialismus
২) রক্ষণশীল সমাজতন্ত্র বা বুর্জোয়া সমাজতন্ত্র

Ein Teil der Bourgeoisie will soziale Missstände beseitigen
বুর্জোয়াদের একটি অংশ সামাজিক দুঃখ-কষ্ট নিরসনে আগ্রহী

um den Fortbestand der Bourgeoisie Gesellschaft zu sichern
বুর্জোয়া সমাজের অব্যাহত অস্তিত্ব সুরক্ষিত করার জন্য

Zu dieser Sektion gehören Ökonomen, Philanthropen, Menschenfreunde
এই অংশে অর্থনীতিবিদ, সমাজসেবী, মানবতাবাদী

Verbesserer der Lage der Arbeiterklasse und Organisatoren der Wohltätigkeit
শ্রমিক শ্রেণীর অবস্থার উন্নতি এবং দাতব্য প্রতিষ্ঠানের সংগঠকদের

Mitglieder von Gesellschaften zur Verhütung von Tierquälerei
প্রাণীদের প্রতি নিষ্ঠুরতা প্রতিরোধের জন্য সমিতির সদস্য

Mäßigkeitsfanatiker, Loch-und-Ecken-Reformer aller erdenklichen Art
টেম্পারেন্স ধর্মান্ধ, হরেক রকমের গর্ত-ও-কোণার সংস্কারক

Diese Form des Sozialismus ist überdies zu vollständigen Systemen ausgearbeitet worden
সমাজতন্ত্রের এই রূপটি সম্পূর্ণ ব্যবস্থায় কাজ করা হয়েছে

Als Beispiel für diese Form sei Proudhons "Philosophie de la Misère" angeführt
আমরা এই ফর্মের উদাহরণ হিসাবে প্রুধোঁর "ফিলোসফি দে লা মিসের" উদ্ধৃত করতে পারি

Die sozialistische Bourgeoisie will alle Vorteile der modernen gesellschaftlichen Verhältnisse
সমাজতান্ত্রিক বুর্জোয়ারা আধুনিক সমাজ অবস্থার সকল সুবিধা চায়

aber die sozialistische Bourgeoisie will nicht unbedingt die daraus resultierenden Kämpfe und Gefahren

কিন্তু সমাজতান্ত্রিক বুর্জোয়ারা অগত্যা ফলস্বরূপ সংগ্রাম এবং বিপদ চায় না

Sie wollen den bestehenden Zustand der Gesellschaft, abzüglich ihrer revolutionären und zerfallenden Elemente

তারা সমাজের বিদ্যমান অবস্থা চায়, এর বৈপ্লবিক ও বিচ্ছিন্ন উপাদানগুলিকে বাদ দিয়ে

mit anderen Worten, sie wünschen sich eine Bourgeoisie ohne Proletariat

অন্য কথায়, তারা সর্বহারা বিহীন বুর্জোয়া চায়

Die Bourgeoisie begreift natürlich die Welt, in der sie die höchste ist, die Beste zu sein

বুর্জোয়ারা স্বভাবতই সেই জগৎকে কল্পনা করে যেখানে শ্রেষ্ঠ হওয়াই শ্রেষ্ঠ

und der Bourgeoisie Sozialismus entwickelt diese bequeme Auffassung zu verschiedenen mehr oder weniger vollständigen Systemen

এবং বুর্জোয়া সমাজতন্ত্র এই আরামদায়ক ধারণাকে বিভিন্ন কমবেশি সম্পূর্ণ ব্যবস্থায় বিকশিত করে

sie wünschen sich sehr, dass das Proletariat geradewegs in das soziale Neue Jerusalem marschiert

তারা খুব চাইবে যে সর্বহারা শ্রেণী সোজা সামাজিক নতুন জেরুজালেমে প্রবেশ করুক

Aber in Wirklichkeit verlangt sie, dass das Proletariat innerhalb der Grenzen der bestehenden Gesellschaft bleibt

কিন্তু বাস্তবে প্রলেতারিয়েতকে বিদ্যমান সমাজের সীমানার মধ্যে থাকতে হবে

sie fordern das Proletariat auf, alle seine hasserfüllten Ideen über die Bourgeoisie abzulegen

তারা সর্বহারা শ্রেণীকে বুর্জোয়া সম্পর্কে তাদের সমস্ত ঘৃণ্য ধারণা ত্যাগ করতে বলে

es gibt eine zweite, praktischere, aber weniger systematische Form dieses Sozialismus

এই সমাজতন্ত্রের দ্বিতীয় আরও ব্যবহারিক, তবে কম নিয়মতান্ত্রিক, রূপ রয়েছে

Diese Form des Sozialismus versuchte, jede revolutionäre Bewegung in den Augen der Arbeiterklasse abzuwerten

সমাজতন্ত্রের এই রূপটি শ্রমিক শ্রেণীর চোখে প্রতিটি বিপ্লবী আন্দোলনকে অবমূল্যায়ন করতে চেয়েছিল

Sie argumentieren, dass keine bloße politische Reform für sie von Vorteil sein könnte

তাদের যুক্তি, নিছক কোনো রাজনৈতিক সংস্কারই তাদের জন্য কোনো কল্যাণ বয়ে আনতে পারবে না

nur eine Veränderung der materiellen Existenzbedingungen in den wirtschaftlichen Beziehungen ist von Nutzen

অর্থনৈতিক সম্পর্কের ক্ষেত্রে অস্তিত্বের বস্তুগত অবস্থার পরিবর্তনই কেবল উপকারী

Wie der Kommunismus tritt auch diese Form des Sozialismus für eine Veränderung der materiellen Existenzbedingungen ein

কমিউনিজমের মতো, সমাজতন্ত্রের এই রূপটি অস্তিত্বের বস্তুগত অবস্থার পরিবর্তনের পক্ষে

Diese Form des Sozialismus bedeutet jedoch keineswegs, dass die Bourgeoisie Produktionsverhältnisse abgeschafft werden

যাইহোক, সমাজতন্ত্রের এই রূপটি কোনওভাবেই বুর্জোয়া উৎপাদন সম্পর্কের বিলুপ্তির ইঙ্গিত দেয় না

die Abschaffung der Bourgeoisie Produktionsverhältnisse kann nur durch eine Revolution erreicht werden

বুর্জোয়া উৎপাদন সম্পর্কের উচ্ছেদ কেবল বিপ্লবের মাধ্যমেই অর্জন করা যেতে পারে

Doch statt einer Revolution schlägt diese Form des Sozialismus Verwaltungsreformen vor

কিন্তু বিপ্লবের পরিবর্তে সমাজতন্ত্রের এই রূপটি প্রশাসনিক সংস্কারের পরামর্শ দেয়

und diese Verwaltungsreformen würden auf dem Fortbestand dieser Beziehungen beruhen

এবং এই প্রশাসনিক সংস্কারগুলি এই সম্পর্কের অব্যাহত অস্তিত্বের উপর ভিত্তি করে হবে

Reformen, die in keiner Weise die Beziehungen zwischen Kapital und Arbeit berühren

সুতরাং সংস্কার যা কোনোভাবেই পুঁজি ও শ্রমের মধ্যকার সম্পর্ককে প্রভাবিত করে না

im besten Fall verringern solche Reformen die Kosten und vereinfachen die Verwaltungsarbeit der Bourgeoisie Regierung

সর্বোপরি, এই ধরনের সংস্কারগুলি ব্যয় হ্রাস করে এবং বুর্জোয়া সরকারের প্রশাসনিক কাজকে সহজ করে তোলে

Der Bourgeoisie Sozialismus kommt dann und nur dann adäquat zum Ausdruck, wenn er zur bloßen Redewendung wird

বুর্জোয়া সমাজতন্ত্র পর্যাপ্ত অভিব্যক্তি লাভ করে, যখন এবং কেবল তখনই, যখন এটি কেবল বক্তৃতার চিত্র হয়ে ওঠে

Freihandel: zum Wohle der Arbeiterklasse

মুক্ত বাণিজ্য: শ্রমিক শ্রেণীর সুবিধার জন্য

Schutzpflichten: zum Wohle der Arbeiterklasse

প্রতিরক্ষামূলক কর্তব্য: শ্রমিক শ্রেণীর সুবিধার জন্য

Gefängnisreform: zum Wohle der Arbeiterklasse

কারাগার সংস্কার: শ্রমিক শ্রেণীর সুবিধার জন্য

Das ist das letzte Wort und das einzig ernst gemeinte Wort des Bourgeoisie Sozialismus

এটাই বুর্জোয়া সমাজতন্ত্রের শেষ কথা এবং একমাত্র গম্ভীর শব্দ

Sie ist in dem Satz zusammengefasst: Die Bourgeoisie ist eine Bourgeoisie zum Wohle der Arbeiterklasse

এর সারমর্ম এই বাক্যাংশে বলা হয়েছেঃ বুর্জোয়ারা শ্রমিক শ্রেণীর সুবিধার জন্য বুর্জোয়া

3) Kritisch-utopischer Sozialismus und Kommunismus
৩) ক্রিটিক্যাল–ইউটোপিয়ান সোশ্যালিজম অ্যান্ড কমিউনিজম

Wir beziehen uns hier nicht auf jene Literatur, die den Forderungen des Proletariats immer eine Stimme gegeben hat

আমরা এখানে সেই সাহিত্যের কথা উল্লেখ করছি না যা সর্বহারা শ্রেণীর দাবির প্রতি সর্বদা কন্ঠস্বর দিয়েছে

dies war in jeder großen modernen Revolution vorhanden, wie z. B. in den Schriften von Babeuf und anderen

এটি প্রতিটি মহান আধুনিক বিপ্লবে উপস্থিত ছিল, যেমন বাবুফ এবং অন্যদের লেখায়

Die ersten unmittelbaren Versuche des Proletariats, seine eigenen Ziele zu erreichen, scheiterten notwendigerweise

প্রলেতারিয়েতের নিজস্ব লক্ষ্য অর্জনের প্রথম প্রত্যক্ষ প্রচেষ্টা অনিবার্যভাবে ব্যর্থ হয়েছিল

Diese Versuche wurden in Zeiten allgemeiner Aufregung unternommen, als die feudale Gesellschaft gestürzt wurde

এই প্রচেষ্টাগুলি সর্বজনীন উত্তেজনার সময়ে করা হয়েছিল, যখন সামন্ততান্ত্রিক সমাজকে উৎখাত করা হচ্ছিল

Der damals noch unterentwickelte Zustand des Proletariats führte zum Scheitern dieser Versuche

সর্বহারা শ্রেণীর তৎকালীন অনুন্নত অবস্থা সেই প্রচেষ্টাগুলি ব্যর্থ করে দেয়

und sie scheiterten am Fehlen der wirtschaftlichen Voraussetzungen für ihre Emanzipation

এবং এর মুক্তির জন্য অর্থনৈতিক অবস্থার অনুপস্থিতির কারণে তারা ব্যর্থ হয়েছিল

Bedingungen, die erst noch geschaffen werden mussten und die durch die bevorstehende Epoche der Bourgeoisie allein hervorgebracht werden konnten

যে শর্তগুলি এখনও উত্পাদিত হয়নি এবং আসন্ন বুর্জোয়া যুগ একাই উত্পাদিত হতে পারে

Die revolutionäre Literatur, die diese ersten Bewegungen des Proletariats begleitete, hatte notwendigerweise einen reaktionären Charakter

সর্বহারা শ্রেণীর এই প্রথম আন্দোলনের সাথে যে বিপ্লবী সাহিত্য ছিল তার অবশ্যই একটি প্রতিক্রিয়াশীল চরিত্র ছিল

Diese Literatur schärfte universelle Askese und soziale Nivellierung in ihrer gröbsten Form ein

এই সাহিত্য সর্বজনীন তপস্যা এবং সামাজিক স্তরকে তার নিষ্ঠুরতম রূপে জাগিয়ে তুলেছিল

Die sozialistischen und kommunistischen Systeme, die man eigentlich so nennt, entstehen in der frühen unentwickelten Periode

সমাজতান্ত্রিক ও কমিউনিস্ট ব্যবস্থা, যথাযথভাবে তথাকথিত, প্রাথমিক অনুন্নত যুগে অস্তিত্ব লাভ করে

Saint-Simon, Fourier, Owen und andere beschrieben den Kampf zwischen Proletariat und Bourgeoisie (siehe Abschnitt 1)

সেন্ট-সাইমন, ফুরিয়ার, ওয়েন এবং অন্যান্যরা সর্বহারা ও বুর্জোয়াদের মধ্যে সংগ্রামের বর্ণনা দিয়েছেন (বিভাগ 1 দেখুন)

Die Begründer dieser Systeme sehen in der Tat die Klassengegensätze

এই ব্যবস্থার প্রতিষ্ঠাতারা প্রকৃতপক্ষে শ্রেণী বিরোধিতা দেখতে পান

Sie sehen auch das Wirken der sich zersetzenden Elemente in der herrschenden Gesellschaftsform

তারা সমাজের প্রচলিত রূপে পচনশীল উপাদানগুলির ক্রিয়াও দেখতে পায়

Aber das Proletariat, das noch in den Kinderschuhen steckt, bietet ihnen das Schauspiel einer Klasse ohne jede historische Initiative

কিন্তু প্রলেতারিয়েত তার শৈশবেই তাদের এমন এক শ্রেণীর দর্শন উপহার দেয় যার কোন ঐতিহাসিক উদ্যোগ নেই

Sie sehen das Schauspiel einer sozialen Klasse ohne unabhängige politische Bewegung

তারা কোন স্বাধীন রাজনৈতিক আন্দোলন ছাড়া একটি সামাজিক শ্রেণীর চমক দেখতে পায়

Die Entwicklung des Klassengegensatzes hält mit der Entwicklung der Industrie Schritt

শ্রেণী বৈরিতার বিকাশ শিল্পের বিকাশের সাথে সমান তাল মিলিয়ে চলে

Die ökonomische Lage bietet ihnen also noch nicht die materiellen Bedingungen für die Befreiung des Proletariats

সুতরাং অর্থনৈতিক পরিস্থিতি এখনও তাদের সর্বহারা শ্রেণীর মুক্তির জন্য বস্তুগত শর্ত দেয় না

Sie suchen also nach einer neuen Sozialwissenschaft, nach neuen sozialen Gesetzen, die diese Bedingungen schaffen sollen

তাই তারা এক নতুন সামাজিক বিজ্ঞানের সন্ধান করে, নতুন সামাজিক নিয়মের পেছনে, যা এই অবস্থার সৃষ্টি করবে

historisches Handeln besteht darin, sich ihrem persönlichen erfinderischen Handeln zu beugen

ঐতিহাসিক কর্ম তাদের ব্যক্তিগত উদ্ভাবনী কর্ম আত্মসমর্পণ করা হয়

Historisch geschaffene Emanzipationsbedingungen sollen phantastischen Verhältnissen weichen

ঐতিহাসিকভাবে সৃষ্ট মুক্তির শর্ত হলো চমৎকার অবস্থার কাছে হার মানতে হবে

und die allmähliche, spontane Klassenorganisation des Proletariats soll der Organisation der Gesellschaft weichen

আর প্রলেতারিয়েতের ক্রমবর্ধমান, স্বতঃস্ফূর্ত শ্রেণি-সংগঠন হচ্ছে সমাজ সংগঠনের কাছে আত্মসমর্পণ করা

die Organisation der Gesellschaft, die von diesen Erfindern eigens ersonnen wurde

এই উদ্ভাবকদের দ্বারা বিশেষভাবে তৈরি সমাজের সংগঠন

Die zukünftige Geschichte löst sich in ihren Augen in die Propaganda und die praktische Durchführung ihrer sozialen Pläne auf

ভবিষ্যতের ইতিহাস তাদের চোখে তাদের সামাজিক পরিকল্পনার প্রচার ও বাস্তব বাস্তবায়নে নিজেকে স্থির করে

Bei der Ausarbeitung ihrer Pläne sind sie sich bewußt, daß sie sich in erster Linie um die Interessen der Arbeiterklasse kümmern

তাদের পরিকল্পনা প্রণয়নে তারা প্রধানত শ্রমিক শ্রেণীর স্বার্থের প্রতি যত্নশীল হওয়ার বিষয়ে সচেতন

Nur unter dem Gesichtspunkt, die leidendste Klasse zu sein, existiert das Proletariat für sie

কেবল সবচেয়ে দুঃখী শ্রেণী হওয়ার দৃষ্টিকোণ থেকে তাদের জন্য সর্বহারা শ্রেণীর অস্তিত্ব রয়েছে

Der unentwickelte Zustand des Klassenkampfes und ihre eigene Umgebung prägen ihre Meinungen

শ্রেণীসংগ্রামের অনুন্নত অবস্থা এবং তাদের নিজস্ব পারিপার্শ্বিকতা তাদের মতামতকে অবহিত করে

Sozialisten dieser Art halten sich allen Klassengegensätzen weit überlegen

এই ধরনের সমাজতন্ত্রীরা নিজেদেরকে সকল শ্রেণী বিরোধের চেয়ে অনেক শ্রেষ্ঠ মনে করে

Sie wollen die Lage jedes Mitglieds der Gesellschaft verbessern, auch die der Begünstigten

তারা সমাজের প্রতিটি সদস্যের, এমনকি সবচেয়ে সুবিধাপ্রাপ্ত সদস্যের অবস্থার উন্নতি করতে চায়

Daher appellieren sie gewöhnlich an die Gesellschaft als Ganzes, ohne Unterschied der Klasse

অতএব, তারা অভ্যাসগতভাবে শ্রেণী ভেদাভেদ ছাড়াই বৃহত্তর সমাজের কাছে আবেদন করে

Ja, sie appellieren an die Gesellschaft als Ganzes, indem sie die herrschende Klasse bevorzugen

বরং তারা শাসক শ্রেণীকে প্রাধান্য দিয়ে বৃহত্তর সমাজের কাছে আবেদন করে

Für sie ist alles, was es braucht, dass andere ihr System verstehen

তাদের জন্য, এটি যা প্রয়োজন তা হ'ল অন্যদের তাদের সিস্টেমটি বোঝা

Denn wie können die Menschen nicht erkennen, dass der bestmögliche Plan für den bestmöglichen Zustand der Gesellschaft ist?

কারণ মানুষ কীভাবে এটা বুঝতে ব্যর্থ হতে পারে যে সমাজের সর্বোত্তম সম্ভাব্য রাষ্ট্রের জন্য সর্বোত্তম সম্ভাব্য পরিকল্পনা?

Daher lehnen sie jede politische und vor allem jede revolutionäre Aktion ab

তাই তারা সকল রাজনৈতিক, বিশেষ করে সকল বিপ্লবী কর্মকাণ্ডকে প্রত্যাখ্যান করে

Sie wollen ihre Ziele mit friedlichen Mitteln erreichen

তারা শান্তিপূর্ণ উপায়ে তাদের লক্ষ্য অর্জন করতে চায়

Sie bemühen sich durch kleine Experimente, die notwendigerweise zum Scheitern verurteilt sind

তারা ছোট ছোট পরীক্ষা-নিরীক্ষার মাধ্যমে চেষ্টা করে, যা অনিবার্যভাবে ব্যর্থতার জন্য ধ্বংস হয়ে যায়

und durch die Kraft des Beispiels versuchen sie, den Weg für das neue soziale Evangelium zu ebnen

এবং উদাহরণের জোরে তারা নতুন সামাজিক সুসমাচারের পথ প্রশস্ত করার চেষ্টা করে

Welch phantastische Bilder von der zukünftigen Gesellschaft, gemalt in einer Zeit, in der sich das Proletariat noch in einem sehr unterentwickelten Zustand befindet

ভবিষ্যৎ সমাজের এমন চমৎকার ছবি, এমন এক সময়ে আঁকা যখন প্রলেতারিয়েত এখনো খুবই অনুন্নত অবস্থায় রয়েছে

und sie hat immer noch nur eine phantastische Vorstellung von ihrer eigenen Stellung

এবং এটি এখনও তার নিজস্ব অবস্থান সম্পর্কে একটি কল্পনাপ্রসূত ধারণা আছে

aber ihre ersten instinktiven Sehnsüchte entsprechen den Sehnsüchten des Proletariats

কিন্তু তাদের প্রথম সহজাত আকাঙ্ক্ষা সর্বহারা শ্রেণীর আকাঙ্ক্ষার সাথে মিলে যায়

Beide sehnen sich nach einem allgemeinen Umbau der Gesellschaft

উভয়ই সমাজের সাধারণ পুনর্গঠনের জন্য আকাঙ্ক্ষা করে

Aber diese sozialistischen und kommunistischen Veröffentlichungen enthalten auch ein kritisches Element

কিন্তু এই সমাজতান্ত্রিক ও কমিউনিস্ট প্রকাশনাগুলিতে একটি সমালোচনামূলক উপাদানও রয়েছে

Sie greifen jedes Prinzip der bestehenden Gesellschaft an

তারা বিদ্যমান সমাজের প্রতিটি নীতিকে আক্রমণ করে

Daher sind sie voll von den wertvollsten Materialien für die Aufklärung der Arbeiterklasse

তাই তারা শ্রমিক শ্রেণীর জ্ঞানার্জনের জন্য সবচেয়ে মূল্যবান উপকরণে পূর্ণ

Sie schlagen die Abschaffung der Unterscheidung zwischen Stadt und Land und der Familie vor

তারা শহর ও দেশ এবং পরিবারের মধ্যে পার্থক্য বিলুপ্তির প্রস্তাব দেয়

die Abschaffung des Gewerbetreibens für Rechnung von Privatpersonen

ব্যক্তিগত ব্যক্তির হিসাবের জন্য শিল্প পরিচালনার বিলুপ্তি

und die Abschaffung des Lohnsystems und die Proklamation des sozialen Friedens

এবং মজুরি ব্যবস্থার বিলুপ্তি ও সামাজিক সম্প্রীতির ঘোষণা

die Verwandlung der Funktionen des Staates in eine bloße Aufsicht über die Produktion

রাষ্ট্রের কার্যাবলীকে উৎপাদনের নিছক তত্ত্বাবধানে রূপান্তর

Alle diese Vorschläge deuten einzig und allein auf das Verschwinden der Klassengegensätze hin

এই সমস্ত প্রস্তাব কেবল শ্রেণী বিরোধের অন্তর্ধানের দিকেই ইঙ্গিত করে

Klassengegensätze waren damals gerade erst im Entstehen begriffen

সেই সময় শ্রেণী বিরোধিতা কেবল মাত্রই গড়ে উঠেছিল

In diesen Veröffentlichungen werden diese Klassengegensätze nur in ihren frühesten, undeutlichen und unbestimmten Formen anerkannt

এই প্রকাশনাগুলিতে এই শ্রেণী বিরোধিতাগুলি কেবল তাদের প্রাচীন, অস্পষ্ট এবং অসংজ্ঞায়িত রূপে স্বীকৃত হয়

Diese Vorschläge haben also rein utopischen Charakter

সুতরাং এই প্রস্তাবগুলি সম্পূর্ণরূপে ইউটোপিয়ান চরিত্রের

Die Bedeutung des kritisch-utopischen Sozialismus und des Kommunismus steht in einem umgekehrten Verhältnis zur historischen Entwicklung

সমালোচনামূলক–কল্পলৌকিক সমাজতন্ত্র এবং কমিউনিজমের তাৎপর্য ঐতিহাসিক বিকাশের সাথে একটি বিপরীত সম্পর্ক বহন করে

Der moderne Klassenkampf wird sich entwickeln und weiter konkrete Gestalt annehmen

আধুনিক শ্রেণীসংগ্রাম বিকশিত হবে এবং নির্দিষ্ট আকার ধারণ করতে থাকবে

Dieses fantastische Ansehen des Wettbewerbs wird jeden praktischen Wert verlieren

প্রতিযোগিতা থেকে এই চমত্কার স্ট্যান্ডিং সমস্ত ব্যবহারিক মূল্য হারাবে

Diese phantastischen Angriffe auf die Klassengegensätze verlieren jede theoretische Rechtfertigung

শ্রেণী বিরোধের উপর এই কল্পনাপ্রসূত আক্রমণ সমস্ত তাত্ত্বিক ন্যায্যতা হারাবে

Die Urheber dieser Systeme waren in vielerlei Hinsicht revolutionär

এই ব্যবস্থার প্রবর্তকরা অনেক ক্ষেত্রেই বিপ্লবী ছিলেন

Aber ihre Jünger haben in jedem Fall bloße reaktionäre Sekten gebildet

কিন্তু তাদের শিষ্যরা প্রতিটি ক্ষেত্রেই নিছক প্রতিক্রিয়াশীল সম্প্রদায় গঠন করেছে

Sie halten an den ursprünglichen Ansichten ihrer Meister fest

তারা তাদের প্রভুদের মূল মতামতকে শক্তভাবে ধরে রাখে

Aber diese Anschauungen stehen im Gegensatz zur fortschreitenden geschichtlichen Entwicklung des Proletariats

কিন্তু এই মতামত সর্বহারা শ্রেণীর প্রগতিশীল ঐতিহাসিক বিকাশের বিরোধী

Sie bemühen sich daher, und zwar konsequent, den Klassenkampf abzustumpfen

তাই তারা শ্রেণী সংগ্রামকে মৃত করার চেষ্টা করে এবং তা ধারাবাহিকভাবে করে

Und sie bemühen sich konsequent, die Klassengegensätze zu versöhnen

এবং তারা ক্রমাগত শ্রেণী বিরোধের মীমাংসা করার চেষ্টা করে

Noch träumen sie von der experimentellen Umsetzung ihrer gesellschaftlichen Utopien

তারা এখনও তাদের সামাজিক ইউটোপিয়াসের পরীক্ষামূলক বাস্তবায়নের স্বপ্ন দেখে

sie träumen immer noch davon, isolierte "Phalanster" zu gründen und "Heimatkolonien" zu gründen

তারা এখনও বিচ্ছিন্ন "ফ্যালানস্টার" প্রতিষ্ঠা এবং "হোম কলোনি" প্রতিষ্ঠার স্বপ্ন দেখে

sie träumen davon, eine "Kleine Ikaria" zu errichten – Duodecimo-Ausgaben des Neuen Jerusalem

তারা একটি "লিটল ইকারিয়া" স্থাপনের স্বপ্ন দেখে – নতুন জেরুজালেমের দ্বৈত সংস্করণ

Und sie träumen davon, all diese Luftschlösser zu verwirklichen

এবং তারা বাতাসে এই সমস্ত দুর্গ উপলব্ধি করার স্বপ্ন দেখে

Sie sind gezwungen, an die Gefühle und den Geldbeutel der Bourgeoisie zu appellieren

তারা বুর্জোয়াদের অনুভূতি ও থলির কাছে আবেদন করতে বাধ্য হয়

Nach und nach sinken sie in die Kategorie der oben dargestellten reaktionären konservativen Sozialisten

ডিগ্রী দ্বারা তারা উপরে বর্ণিত প্রতিক্রিয়াশীল রক্ষণশীল সমাজতন্ত্রীদের বিভাগে ডুবে যায়

sie unterscheiden sich von diesen nur durch systematischere Pedanterie

তারা শুধুমাত্র আরো নিয়মতান্ত্রিক পেডেন্ট্রি দ্বারা এই থেকে পৃথক

und sie unterscheiden sich durch ihren fanatischen und abergläubischen Glauben an die Wunderwirkungen ihrer Sozialwissenschaft

এবং তারা তাদের সামাজিক বিজ্ঞানের অলৌকিক প্রভাবগুলিতে তাদের ধর্মান্ধ এবং কুসংস্কারাচ্ছন্ন বিশ্বাসের কারণে পৃথক হয়

Sie widersetzen sich daher gewaltsam jeder politischen Aktion der Arbeiterklasse

তাই তারা শ্রমিক শ্রেণীর পক্ষ থেকে সমস্ত রাজনৈতিক পদক্ষেপের হিংস্রভাবে বিরোধিতা করে

ein solches Handeln kann ihrer Meinung nach nur aus blindem Unglauben an das neue Evangelium resultieren

তাদের মতে, এই ধরনের পদক্ষেপ শুধুমাত্র নতুন সুসমাচারের প্রতি অন্ধ অবিশ্বাসের ফলস্বরূপ হতে পারে

Die Owenisten in England und die Fourieristen in Frankreich stehen den Chartisten und den "Réformisten" entgegen

ইংল্যান্ডের ওয়েনাইটস এবং ফ্রান্সের ফুরিয়ারিস্টরা যথাক্রমে চার্টিস্ট এবং "রিফর্মিস্টস" এর বিরোধিতা করে

Stellung der Kommunisten zu den verschiedenen bestehenden Oppositionsparteien

বিদ্যমান বিভিন্ন বিরোধী দলের সাথে কমিউনিস্টদের অবস্থান

Abschnitt II hat die Beziehungen der Kommunisten zu den bestehenden Arbeiterparteien deutlich gemacht

দ্বিতীয় অধ্যায়ে বিদ্যমান শ্রমিক শ্রেণীর পার্টিগুলির সাথে কমিউনিস্টদের সম্পর্ক স্পষ্ট করা হয়েছে

wie die Chartisten in England und die Agrarreformer in Amerika

যেমন ইংল্যান্ডের চার্টিস্টরা এবং আমেরিকার কৃষি সংস্কারক

Die Kommunisten kämpfen für die Erreichung der unmittelbaren Ziele

কমিউনিস্টরা আশু লক্ষ্য অর্জনের জন্য লড়াই করে

Sie kämpfen für die Durchsetzung der momentanen Interessen der Arbeiterklasse

তারা শ্রমিক শ্রেণীর ক্ষণস্থায়ী স্বার্থ বাস্তবায়নের জন্য লড়াই করে

Aber in der politischen Bewegung der Gegenwart repräsentieren und kümmern sie sich auch um die Zukunft dieser Bewegung

কিন্তু বর্তমানের রাজনৈতিক আন্দোলনে তারাও সেই আন্দোলনের প্রতিনিধিত্ব করে এবং ভবিষ্যতের যত্ন নেয়

In Frankreich verbünden sich die Kommunisten mit den Sozialdemokraten

ফ্রান্সে কমিউনিস্টরা সোশ্যাল ডেমোক্রাটদের সাথে মিত্রতা করে

und sie positionieren sich gegen die konservative und radikale Bourgeoisie

এবং তারা রক্ষণশীল ও মৌলবাদী বুর্জোয়াদের বিরুদ্ধে নিজেদের অবস্থান নেয়

sie behalten sich jedoch das Recht vor, eine kritische Position gegenüber Phrasen und Illusionen einzunehmen, die traditionell aus der großen Revolution überliefert sind

যাইহোক, তারা মহান বিপ্লব থেকে ঐতিহ্যগতভাবে হস্তান্তরিত বাক্যাংশ এবং বিভ্রম সম্পর্কে একটি সমালোচনামূলক অবস্থান গ্রহণ করার অধিকার সংরক্ষণ করে

In der Schweiz unterstützt man die Radikalen, ohne dabei aus den Augen zu verlieren, dass diese Partei aus antagonistischen Elementen besteht

সুইজারল্যান্ডে তারা র‍্যাডিক্যালদের সমর্থন করে, এই দলটি যে বিরোধী উপাদানগুলির সমন্বয়ে গঠিত তা ভুলে না গিয়ে

teils von demokratischen Sozialisten im französischen Sinne, teils von radikaler Bourgeoisie

কিছুটা ফরাসি অর্থে ডেমোক্র্যাটিক সোশ্যালিস্টদের, কিছুটা র ়্যাডিক্যাল বুর্জোয়াদের

In Polen unterstützen sie die Partei, die auf einer Agrarrevolution als Hauptbedingung für die nationale Emanzipation beharrt

পোল্যান্ডে তারা সেই পার্টিকে সমর্থন করে যারা জাতীয় মুক্তির প্রধান শর্ত হিসাবে কৃষি বিপ্লবের উপর জোর দেয়

jene Partei, die 1846 den Krakauer Aufstand angezettelt hatte

যে পার্টি ১৮৪৬ সালে Crako এর অভ্যুত্থানকে উস্কে দিয়েছিল

In Deutschland kämpft man mit der Bourgeoisie, wenn sie revolutionär handelt

জার্মানিতে বুর্জোয়ারা যখনই বিপ্লবী আচরণ করে তখনই তাদের সাথে লড়াই করে

gegen die absolute Monarchie, das feudale Eichhörnchen und das Kleinbourgeoisie

নিরঙ্কুশ রাজতন্ত্র, সামন্ততান্ত্রিক স্কোয়ারার্কি এবং পেটি বুর্জোয়াদের বিরুদ্ধে

Aber sie hören nicht auf, der Arbeiterklasse auch nur einen Augenblick lang eine bestimmte Idee einzuflößen

কিন্তু শ্রমিক শ্রেণীর মধ্যে একটি বিশেষ ধারণা ঢুকিয়ে দিতে তারা এক মুহূর্তের জন্যও বিরত থাকে না

die klarste Erkenntnis des feindlichen Antagonismus zwischen Bourgeoisie und Proletariat

বুর্জোয়া ও প্রলেতারিয়েতের মধ্যে বৈরী বিরোধের সুস্পষ্ট স্বীকৃতি

damit die deutschen Arbeiter sofort von den ihnen zur Verfügung stehenden Waffen Gebrauch machen können

যাতে জার্মান শ্রমিকরা সরাসরি তাদের নিষ্পত্তি করা অস্ত্রগুলি ব্যবহার করতে পারে

die sozialen und politischen Bedingungen, die die Bourgeoisie mit ihrer Herrschaft notwendigerweise einführen muss

যে সামাজিক ও রাজনৈতিক শর্ত বুর্জোয়াদের অবশ্যই তার আধিপত্যের সাথে সাথে প্রবর্তন করতে হবে

der Sturz der reaktionären Klassen in Deutschland ist unvermeidlich

জার্মানিতে প্রতিক্রিয়াশীল শ্রেণীর পতন অনিবার্য

und dann kann der Kampf gegen die Bourgeoisie selbst sofort beginnen

এবং তারপর বুর্জোয়াদের বিরুদ্ধে লড়াই অবিলম্বে শুরু হতে পারে

Die Kommunisten richten ihre Aufmerksamkeit hauptsächlich auf Deutschland, weil dieses Land am Vorabend einer Bourgeoisie Revolution steht

কমিউনিস্টরা প্রধানত জার্মানির দিকে মনোযোগ দেয়, কারণ সে দেশ বুর্জোয়া বিপ্লবের প্রাক্কালে

eine Revolution, die unter den fortgeschritteneren Bedingungen der europäischen Zivilisation durchgeführt werden muss

একটি বিপ্লব যা ইউরোপীয় সভ্যতার আরও উন্নত অবস্থার অধীনে পরিচালিত হতে বাধ্য

Und sie wird mit einem viel weiter entwickelten Proletariat durchgeführt werden

এবং তা আরও উন্নত প্রলেতারিয়েতের সাথে পরিচালিত হতে বাধ্য

ein Proletariat, das weiter fortgeschritten war als das Englands im 17. und Frankreichs im 18. Jahrhundert

সপ্তদশ শতাব্দীতে ইংল্যান্ড এবং অষ্টাদশ শতাব্দীতে ফ্রান্সের চেয়ে আরও উন্নত একটি প্রলেতারিয়েত

und weil die Bourgeoisie Revolution in Deutschland nur das Vorspiel zu einer unmittelbar folgenden proletarischen Revolution sein wird

এবং কারণ জার্মানিতে বুর্জোয়া বিপ্লব হবে অব্যবহিত পরবর্তী সর্বহারা বিপ্লবের সূচনা মাত্র

Kurz gesagt, die Kommunisten unterstützen überall jede revolutionäre Bewegung gegen die bestehende soziale und politische Ordnung der Dinge

সংক্ষেপে বলা যায়, কমিউনিস্টরা সর্বত্রই বর্তমান সামাজিক ও রাজনৈতিক ব্যবস্থার বিরুদ্ধে প্রতিটি বিপ্লবী আন্দোলন সমর্থন করে

In all diesen Bewegungen rücken sie als Leitfrage die Eigentumsfrage in den Vordergrund

এই সমস্ত আন্দোলনে তারা সম্পত্তির প্রশ্নকে সামনে নিয়ে আসে

unabhängig davon, wie hoch der Entwicklungsstand in diesem Land zu diesem Zeitpunkt ist

সে দেশে সে দেশের উন্নয়নের মাত্রা যাই হোক না কেন

Schließlich setzen sie sich überall für die Vereinigung und Zustimmung der demokratischen Parteien aller Länder ein

পরিশেষে, তারা সব দেশের গণতান্ত্রিক পার্টিগুলোর ঐক্য ও সমঝোতার জন্য সর্বত্র কাজ করে

Die Kommunisten verschmähen es, ihre Ansichten und Ziele zu verheimlichen

কমিউনিস্টরা তাদের মতামত ও উদ্দেশ্য গোপন করতে ঘৃণা করে

Sie erklären offen, dass ihre Ziele nur durch den gewaltsamen Umsturz aller bestehenden gesellschaftlichen Verhältnisse erreicht werden können

তারা খোলাখুলিভাবে ঘোষণা করে যে, শুধুমাত্র বিদ্যমান সকল সামাজিক অবস্থার জোরপূর্বক উচ্ছেদের মাধ্যমেই তাদের লক্ষ্য অর্জন করা সম্ভব

Mögen die herrschenden Klassen vor einer kommunistischen Revolution zittern

কমিউনিস্ট বিপ্লবে শাসক শ্রেণী কেঁপে উঠুক

Die Proletarier haben nichts zu verlieren als ihre Ketten

প্রলেতারিয়েতদের শিকল ছাড়া হারানোর কিছু নেই

Sie haben eine Welt zu gewinnen

তাদের জয় করার মতো একটা পৃথিবী আছে

ARBEITER ALLER LÄNDER, VEREINIGT EUCH!

সব দেশের শ্রমজীবী মানুষেরা, এক হও!

www.ingramcontent.com/pod-product-compliance
Lightning Source LLC
Chambersburg PA
CBHW011734020426
42333CB00024B/2893

* 9 7 8 1 8 0 5 7 2 3 2 2 6 *